# Inhalt





**Salve!**

In diesem Grammatik-Begleitheft findest du den Grammatik-Lernstoff der Lektionen 1 bis 13.
Jeder Lektion ist eine Mindmap vorangestellt, die dir vor Augen führt, was du zu den Bereichen **Wörter und ihre Formen** (Formenlehre) und **Die Rolle der Wörter im Satz** (Satzlehre) lernst.
In den Mindmaps ist der neue Stoff jeweils nach Wortarten bzw. Satzgliedern und Satzgliedteilen angeordnet.
Die Beiträge zu den einzelnen Lektionen sind unterteilt in die Bereiche Formenlehre und Satzlehre. Formentabellen, Merkkästen, lateinische Beispielsätze mit deutschen Übersetzungen und Illustrationen helfen dir dabei, den Stoff selbst zu erschließen und dir zu merken.
In den Randspalten findest du Erklärungen zur neuen Grammatik.
Tipps zur Formenbildung und zur Rolle der Wörter im Satz sind in roter Schrift hervorgehoben, Tipps für die Übersetzung ins Deutsche in blauer Schrift.
Ein Anhang bietet dir ab S. 51 die Erklärung wichtiger Fachbegriffe und Beispiele für Wortfiguren.
In den Umschlagklappen findest du nochmals im Überblick Formentabellen und die wichtigsten Erschließungs- und Übersetzungsmethoden.

Viel Freude und Erfolg beim Lateinlernen wünschen dir
Herausgeber, Autoren, Berater und Verlag!

Das Lateinische, die lingua Latīna, wurde ursprünglich in Latium (Rom und Umgebung) gesprochen. Es gehört – wie auch das Griechische und die meisten Sprachen Europas – zur indoeuropäischen Sprachfamilie. Mit den römischen Eroberungen verbreitete es sich über weite Teile Europas und der Mittelmeerwelt. Aus der spätantiken lateinischen Umgangssprache entwickelten sich die romanischen Sprachen (Französisch, Italienisch, Portugiesisch, Rätoromanisch, Rumänisch, Spanisch). Im Mittelalter wurde Latein zur Kommunikationssprache der Kirche und der Gelehrten. Noch im 17. Jh. war der Großteil der gedruckten Bücher im deutschsprachigen Raum in Latein verfasst.
Die meisten lateinischen Autoren, die in der Schule gelesen werden, schreiben das sog. Klassische Latein (1. Jh. v.–1. Jh. n. Chr.). Daran ist unsere lateinische Grammatik ausgerichtet.
Das lateinische Alphabet (aus dem Griechischen abgeleitet) wurde von den meisten Staaten der Erde übernommen.

A B C D E F G H I K L M N O P Q R S T V X Y Z

Die Buchstaben J und W gab es im antiken lateinischen Alphabet nicht. Die Römer schrieben nur in Großbuchstaben (Majuskeln) – oft ohne Worttrennung und ohne Satzzeichen: ERRAREHVMANVMEST. V und U wurden nicht unterschieden. Erst später entwickelten sich aus den Majuskeln die kleinen Buchstaben, die Minuskeln.

In unseren heutigen Texten werden alle lateinischen Wörter klein geschrieben.
Ausnahmen: Namen (Rōmulus et Remus), aus ihnen abgeleitete Adjektive (imperium Rōmānum) und jeweils das erste Wort im Satz nach einem Satzschlusszeichen.
Die häufigsten Abkürzungen finden sich bei römischen Vornamen:

A. = Aulus, Ap. = Appius, C. = Gaius, Cn. = Gnaeus, D. = Decimus, L. = Lūcius, M. = Mārcus, M'. = Mānius, P. = Pūblius, Q. = Quīntus, Ser. = Servius, Sex. = Sextus, T. = Titus, Ti. = Tiberius

Ferner werden häufig wiederkehrende Begriffe der römischen Amtssprache und des römischen Kalenders abgekürzt:

Cos. = cōnsul, Coss. = cōnsulēs, S.C. = senātūs cōnsultum, S.P.Q.R. = senātus populusque Rōmānus, a.u.c. = ab urbe conditā, Kal. = Kalendae, Id. = Īdūs, Non. = Nōnae, a.d. = ante diem (s. S. xx)

**Aussprache**
Latein wird fast immer so gesprochen wie geschrieben; nur wenige Besonderheiten sind zu beachten:
ae wie ä oder a e (Caesar), c wie k (Cicero)[1], ch wie ch oder k (pulcher), i vor Vokal wie j (Iūnō), v wie w (vīlla, vallum), st und sp als st und sp (stāre, spectāre), nicht als scht bzw. schp, s immer stimmlos wie in „Flüsse"

**Betonung**
Zweisilbige Wörter werden auf der ersten Silbe betont: Rōma, Wörter mit drei und mehr Silben auf der vorletzten, wenn sie lang ist: imperātor Rōmānus, auf der drittletzten, wenn die vorletzte kurz ist: impērium, Germānia.
Bei angehängtem -que, -ne und -ve wird die Silbe davor betont: senātus populúsque Rōmānus.
Lange Silben haben lange Vokale oder Diphthonge (Doppelvokale). Ferner gilt eine Silbe als lang, wenn auf einen kurzen Vokal zwei oder mehr Konsonanten folgen (fortásse, nōnnúmquam) (Positionslänge).
Die Lehr- und Wörterbücher kennzeichnen lange Vokale durch einen Längsstrich über den Buchstaben (z. B. stāre).

1 Das ist die in den Schulen am weitesten verbreitete Aussprache.
Im 1. Jh. v. Chr. wurde c wie k gesprochen und ae wie ai; später änderte sich die Aussprache: c wurde wie z ausgesprochen und ae wie ä, ti wurde ursprünglich als ti, später in bestimmten Kombinationen (z. B. bei nātio) als zi ausgesprochen.

# Was du in Lektion 1 lernst

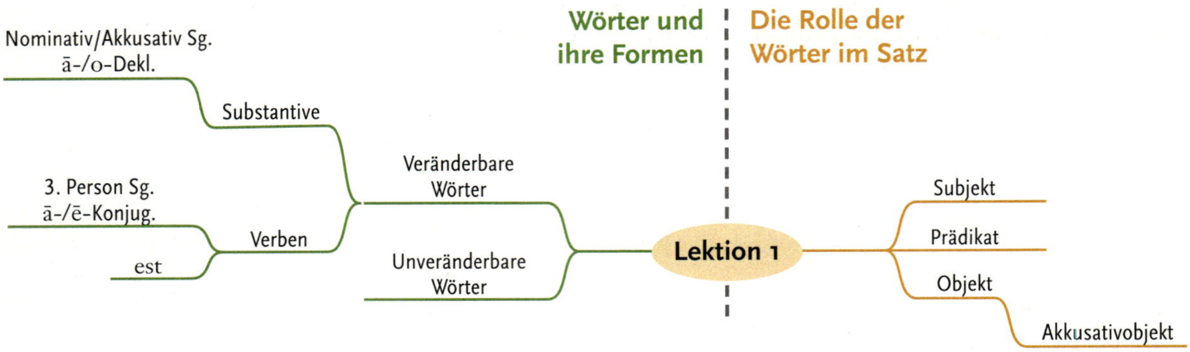


## 1. Wörter und ihre Formen

### 1.1 Nomen: Substantive im Nominativ und Akkusativ Singular

| | o-Deklination m. | ā-Deklination f. | o-Deklination n. |
|---|---|---|---|
| Nominativ Singular | avus<br>der Großvater | puella<br>das Mädchen | dōnum<br>das Geschenk |
| Akkusativ Singular | avum<br>den Großvater | puellam<br>das Mädchen | dōnum<br>das Geschenk |

Nominativ Singular
**-us/-a/-um**
Akkusativ Singular
**-um/-am/-um**

### 1.2 Verben: 3. Person Singular

| | ā-Konjugation salūta- | ē-Konjugation vide- | |
|---|---|---|---|
| 3. Person Singular | salūtat<br>er, sie, es grüßt | videt<br>er, sie, es sieht | est<br>er, sie, es ist |

3. Person Singular
**-t**

### 1.3 Diese Wörter begegnen dir in der ersten Lektion:

Lūcius, stat, exspectat, subitō, Gaius, intrat, avus, est, gaudet, et, rīdet, avum, salūtat, Lūcium, valdē, amat, nunc, Caecilia, puella, appropinquat, Caeciliam, videt, tum, autem, cōgitat, quid, portat, ecce, dōnum, iterum

**Diese Wörter kann man sortieren:**

| Veränderbare Wörter | Unveränderbare Wörter |
|---|---|
| Lūcius, stat, exspectat, Gaius, intrat, avus, est, gaudet, rīdet, avum, salūtat, Lūcium, amat, Caecilia, puella, appropinquat, Caeciliam, videt, cōgitat, quid, portat, dōnum | subitō, et, valdē, nunc, tum, autem, ecce, iterum |

**Die veränderbaren Wörter kann man wiederum sortieren:**

| Nomen werden dekliniert: | Verben werden konjugiert: |
|---|---|
| Lūcius, Gaius, avus, avum, Lūcium, Caecilia, puella, Caeciliam, dōnum | stat, exspectat, intrat, est, gaudet, rīdet, salūtat, amat, appropinquat, videt, cōgitat, portat |

## 2. Die Rolle der Wörter im Satz

### 2.1 Subjekt und Prädikat

| Wer oder Was | tut/ist etwas? |
|---|---|
| Lūcius | stat. |
| Lucius | steht. |
| **Subjekt** | **Prädikat** |

Wörter übernehmen im Satz eine ganz bestimmte Rolle. Wenn du diese Rolle erkennst, hilft es dir, den Satz zu verstehen und zu übersetzen. Im Beispiel tut *Lūcius* etwas. Diese Rolle bezeichnet man als **Subjekt (Satzgegenstand)**. *stat* beschreibt eine Tätigkeit. Diese Rolle bezeichnet man als **Prädikat (Satzaussage)**.
Frage: **„Wer** oder **Was“** (→Subjekt) **tut/ist** etwas (→Prädikat)?

Daran erkennst du ein **Subjekt**: Es ist in der Regel ein **Nomen** und steht im **Nominativ**.

### 2.2 Akkusativobjekt

| | |
|---|---|
| Lūcius avum salūtat. |
| Lucius begrüßt den Großvater. |
| **Akkusativobjekt** |

Oft braucht ein Satz neben Subjekt und Prädikat eine weitere Ergänzung, damit er sinnvoll ist. Mache einmal die Probe und lasse „den Großvater“ weg: Lucius begrüßt ...
Erst durch die Ergänzung, wen oder was Lucius begrüßt, wird der Satz verständlich und sinnvoll. Eine solche **Ergänzung** für das **Prädikat** nennt man **Objekt**. Wenn das Objekt im **Akkusativ** steht, nennt man es **Akkusativobjekt**.
**Frage** nach dem Akkusativobjekt: **„Wen** oder **Was?“**
**Subjekt, Prädikat** und **Objekt** sind **Satzglieder.**

# Was du in Lektion 2 lernst

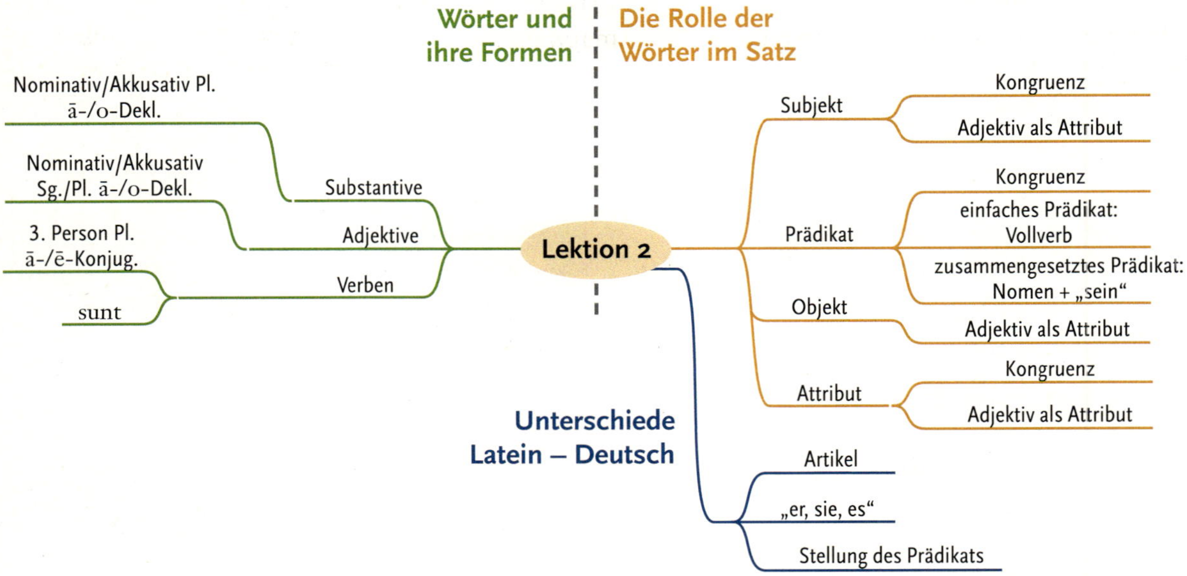


## 1. Wörter und ihre Formen

### 1.1 Nomen: Substantive im Nominativ und Akkusativ Plural

| | o-Deklination m. | ā-Deklination f. | o-Deklination n. |
|---|---|---|---|
| Nominativ Singular | servus<br>der Sklave | puella<br>das Mädchen | dōnum<br>das Geschenk |
| Akkusativ Singular | servum<br>den Sklaven | puellam<br>das Mädchen | dōnum<br>das Geschenk |
| Nominativ Plural | servī<br>die Sklaven | puellae<br>die Mädchen | dōna<br>die Geschenke |
| Akkusativ Plural | servōs<br>die Sklaven | puellās<br>die Mädchen | dōna<br>die Geschenke |

Nominativ Plural
**-ī/-ae-/a**
Akkusativ Plural
**-ōs/-ās/-a**

## 1.2 Nomen: Adjektive im Nominativ und Akkusativ

| | Maskulinum | Femininum | Neutrum |
|---|---|---|---|
| Nominativ Singular | magnus | magna | magnum |
| Akkusativ Singular | magnum | magnam | magnum |
| Nominativ Plural | magnī | magnae | magna |
| Akkusativ Plural | magnōs | magnās | magna |

| Nominativ Singular | Nominativ Plural |
|---|---|
| -us/-a/-um | -ī/-ae/-a |
| Akkusativ Singular | Akkusativ Plural |
| -um/-am/-um | -ōs/-ās/-a |

## 1.3 Verben: 3. Person Plural

| | ā-Konjugation | ē-Konjugation | |
|---|---|---|---|
| 3. Person Singular | salūtat<br>er, sie, es grüßt | videt<br>er, sie, es sieht | est<br>er, sie, es ist |
| 3. Person Plural | salūtant<br>sie grüßen | vident<br>sie sehen | sunt<br>sie sind |

3. Person Plural
-nt

# 2. Die Rolle der Wörter im Satz

## 2.1 Einfaches und zusammengesetztes Prädikat

| | |
|---|---|
| Sextus et Lūcius | stupent. |
| Sextus und Lucius | staunen. |
| **Subjekt** | **einfaches Prädikat** |
| Vestibulum | magnum est. |
| Der Vorraum | ist groß. |
| **Subjekt** | **zusammengesetztes Prädikat** |

Das Prädikat kann in zwei Formen auftreten:
- Das einfache Prädikat wird von einem **Vollverb** gebildet (Frage: Wer oder was **tut** etwas?).
- Das zusammengesetzte Prädikat wird aus einem **Nomen** und einer Form von **„sein“** gebildet (Frage: Wer oder was **ist** jemand/etwas?). Das Nomen nennt man hier **Prädikatsnomen**.

Daran erkennst du ein zusammengesetztes Prädikat: *est/sunt* stehen nicht allein. Das Nomen **davor** oder **dahinter** ist das **Prädikatsnomen**.

Satzteil Wortart

## 2.2 Attribut (Adjektiv)

| |
|---|
| Sextus et Lūcius turbam magnam vident. |
| Sextus et Lucius sehen eine große Menge. |
| **Was für eine Menge? → Attribut** |

Ein **Attribut beschreibt** ein Nomen näher oder **weist** ihm eine **bestimmte Eigenschaft zu**.
Hier beschreibt das Adjektiv *magnam* das Nomen *turbam* näher. Beide bilden einen **Wortblock**.
Wie wichtig ein Attribut für das Verständnis ist, wird dir deutlich, wenn du das Attribut weglässt (z. B. *turba – turba magna*).
**Frage** nach dem Attribut: **„Was für ein(e) ...?"**

## 2.3 Die Beziehungen der Wörter zueinander: Kongruenz

Amīcus intrat.
Der Freund geht hinein.

Amīcī intrant.
Die Freunde gehen hinein.

Turba magna adest.
Eine große Menge ist da.

Sextus multās fīliās videt.
Sextus sieht viele Töchter.

Zwischen einzelnen Wörtern besteht eine **enge Beziehung**, und zwar

- zwischen **Subjekt** und **Prädikat**: Wenn das **Subjekt** im **Singular** steht, steht das **Prädikat** auch im **Singular**. Steht das **Subjekt** im **Plural**, steht das **Prädikat** auch im **Plural**: Subjekt und Prädikat haben stets den **gleichen Numerus**.
- zwischen einem **Adjektiv**, das als **Attribut** ein Nomen näher beschreibt, und dem **Nomen**: Diese stimmen in **Kasus**, **Numerus** und **Genus** überein. Eine solche enge Beziehung nennt man **Kongruenz**.

Die Kongruenz zu beachten, hilft dir beim Übersetzen!

# 3. Unterschiede Latein – Deutsch

## 3.1 Artikel

Sextus et fīlius puellam vident.
Sextus und sein Sohn sehen das Mädchen.
Sextus und sein Sohn sehen ein Mädchen.

Die lateinische Sprache hat **keine** Artikel; im Deutschen benutzen wir **bestimmte** („der, die, das") und **unbestimmte** („einer, eine, eines") Artikel.

Du musst also beim Übersetzen oft einen **Artikel ergänzen** und dich je nach **Zusammenhang** für einen bestimmten oder unbestimmten Artikel entscheiden.

## 3.2 „er, sie, es“

Wenn das **Subjekt vorher** genannt wurde, kann man im Lateinischen darauf **verzichten**, es noch einmal zu erwähnen. Im Deutschen steht dann allerdings das **Personalpronomen** (z. B. „er, sie, es“).

Du musst aus dem **Zusammenhang** das entsprechende **Personalpronomen ergänzen**.

Sextus intrat; Valeriam videt.
Sextus geht hinein; er sieht Valeria.

Valeria intrat; Sextum videt.
Valeria geht hinein; sie sieht Sextus.

## 3.3 Stellung des Prädikats

Im **Lateinischen** steht das **Prädikat** oft an **letzter Stelle.** Wenn es am Satzanfang steht, will der Sprecher das Prädikat besonders betonen. Die Wortstellung ist im Lateinischen **ziemlich frei**.

Bei der Übersetzung musst du beachten: Im **Deutschen** hat das Prädikat einen **festen Platz**: Es steht im Hauptsatz an **zweiter Stelle**.

Subitō Lūcius puellam videt.
Plötzlich sieht Lucius ein Mädchen.

Videt puellam.
Er sieht ein Mädchen.

# Was du in Lektion 3 lernst

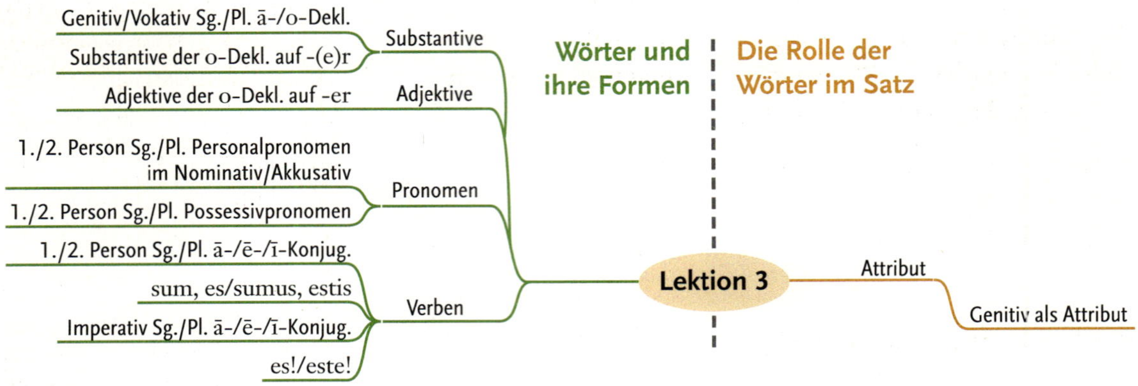


## 1. Wörter und ihre Formen

### 1.1 Nomen im Genitiv und Vokativ

**Substantive**

| | o-Deklination m. | ā-Deklination f. | o-Deklination n. |
|---|---|---|---|
| Nominativ Singular | servus<br>der Sklave | puella<br>das Mädchen | dōnum<br>das Geschenk |
| Genitiv Singular | servī<br>des Sklaven | puellae<br>des Mädchens | dōnī<br>des Geschenks |
| Akkusativ Singular | servum<br>den Sklaven | puellam<br>das Mädchen | dōnum<br>das Geschenk |
| Vokativ Singular | serve!<br>Sklave! | puella!<br>Mädchen! | dōnum!<br>Geschenk! |
| Nominativ Plural | servī<br>die Sklaven | puellae<br>die Mädchen | dōna<br>die Geschenke |
| Genitiv Plural | servōrum<br>der Sklaven | puellārum<br>der Mädchen | dōnōrum<br>der Geschenke |
| Akkusativ Plural | servōs<br>die Sklaven | puellās<br>die Mädchen | dōna<br>die Geschenke |
| Vokativ Plural | servī!<br>Sklaven! | puellae!<br>Mädchen! | dōna!<br>Geschenke! |

| Genitiv Singular | Genitiv Plural |
|---|---|
| -ī/-ae/-ī | -ōrum/-ārum/-ōrum |
| **Vokativ Singular** | **Vokativ Plural** |
| -e, -ī/-a/– | -ī/-ae/– |

Avē, ō domine!
Salvē, ō Lūcī!

Mārcus → Mārce
Lūcius → Lūcī

Im Text taucht noch ein weiterer Fall auf, der **Vokativ**. Er wird in der **Anrede** benutzt und ist fast immer formengleich mit dem Nominativ.
Nur im Singular der o-Deklination wird die Vokativ-Endung ***-e*** verwendet. Die Nomen auf *-ius* bilden den Vokativ auf ***-ī***.

### Adjektive

| | Maskulinum | Femininum | Neutrum |
|---|---|---|---|
| Nominativ Singular | magnus | magna | magnum |
| Genitiv Singular | magnī | magnae | magnī |
| Akkusativ Singular | magnum | magnam | magnum |
| Nominativ Plural | magnī | magnae | magna |
| Genitiv Plural | magnōrum | magnārum | magnōrum |
| Akkusativ Plural | magnōs | magnās | magna |

| Genitiv Singular | Genitiv Plural |
|---|---|
| -ī/-ae/-ī | -ōrum/-ārum/-ōrum |

## 1.2 Substantive und Adjektive im Nominativ auf -(e)r

Einige Substantive der o-Deklination enden im Nominativ Singular auf *-er*. Sie bilden ab dem Genitiv ihre Formen wie *servus*.

| | | |
|---|---|---|
| Nominativ Singular | magister<br>der Lehrer | puer<br>der Junge |
| Genitiv Singular | magistrī<br>des Lehrers | puerī<br>des Jungen |
| Akkusativ Singular | magistrum<br>den Lehrer | puerum<br>den Jungen |
| Vokativ Singular | magister!<br>Lehrer! | puer!<br>Junge! |
| Nominativ Plural | magistrī<br>die Lehrer | puerī<br>die Jungen |
| Genitiv Plural | magistrōrum<br>der Lehrer | puerōrum<br>der Jungen |
| Akkusativ Plural | magistrōs<br>die Lehrer | puerōs<br>die Jungen |
| Vokativ Plural | magistrī!<br>Lehrer! | puerī!<br>Jungen! |

Auch einige Adjektive bilden einen Nominativ Singular Maskulinum mit der Endung *-er*.
Alle anderen Formen enden wie *magnus, magna, magnum*.

| | | |
|---|---|---|
| Nominativ Singular | miser | pulcher |
| Genitiv Singular | miserī | pulchrī |
| Akkusativ Singular | miserum | pulchrum |
| Nominativ Plural | miserī | pulchrī |
| Genitiv Plural | miserōrum | pulchrōrum |
| Akkusativ Plural | miserōs | pulchrōs |

miser, misera, miserum
pulcher, pulchra, pulchrum

## 1.3 Verben

### 1. und 2. Person Singular/Plural

| | ā-Konjugation salūta- | ē-Konjugation vide- | ī-Konjugation audi- | |
|---|---|---|---|---|
| 1. Person Singular | salūtō ich grüße | videō ich sehe | audiō ich höre | sum ich bin |
| 2. Person Singular | salūtās du grüßt | vidēs du siehst | audīs du hörst | es du bist |
| 3. Person Singular | salūtat er, sie, es grüßt | videt er, sie, es sieht | audit er, sie, es hört | est er, sie, es ist |
| 1. Person Plural | salūtāmus wir grüßen | vidēmus wir sehen | audīmus wir hören | sumus wir sind |
| 2. Person Plural | salūtātis ihr grüßt | vidētis ihr seht | audītis ihr hört | estis ihr seid |
| 3. Person Plural | salūtant sie grüßen | vident sie sehen | audi*u*nt sie hören | sunt sie sind |

### Personalendungen der Verben

videō ich sehe

| | |
|---|---|
| **-ō** | (ich) |
| **-s** | (du) |
| **-t** | (er, sie, es) |
| **-mus** | (wir) |
| **-tis** | (ihr) |
| **-nt** | (sie) |

Du musst auch bei den Verben besonders auf die Endungen achten. Die **Personalendungen** der lateinischen Verben drücken dasselbe aus wie im Deutschen die **Personalpronomen** („ich, du, ...“). In einem Gespräch (Dialog) findest du am häufigsten die 1. und 2. Personen, in einem Bericht oder einer Erzählung findest du die 3. Personen.

### Imperativ: Befehle

| Singular | |
|---|---|
| Laudā! | Lob(e)! |
| Vidē! | Sieh! |
| Audī! | Hör(e)! |
| Es! | Sei! |

| Plural | |
|---|---|
| Laudāte! | Lobt! |
| Vidēte! | Seht! |
| Audīte! | Hört! |
| Este! | Seid! |

Der **Imperativ** drückt **Befehle** aus.

Der Imperativ Singular ist der Verbstamm ohne Endung, für den Imperativ Plural wird die Endung *-te* angehängt.

## 1.4 Personal- und Possessivpronomen

### Personalpronomen

| | 1. Person | | 2. Person | |
|---|---|---|---|---|
| Nominativ Singular | egō | ich | tū | du |
| Akkusativ Singular | mē | mich | tē | dich |
| Nominativ Plural | nōs | wir | vōs | ihr |
| Akkusativ Plural | nōs | uns | vōs | euch |

### Possessivpronomen

| | | | | | | |
|---|---|---|---|---|---|---|
| Nominativ Singular | magnus[1] | meus mein | tuus dein | miser[1] | noster unser | vester euer |
| Genitiv Singular | magnī | meī meines | tuī deines | miserī | nostrī unsres | vestrī eures |
| Akkusativ Singular | magnum | meum meinen | tuum deinen | miserum | nostrum unsren | vestrum euren |
| Nominativ Plural | magnī | meī meine | tuī deine | miserī | nostrī unsre | vestrī eure |
| Genitiv Plural | magnōrum | meōrum meiner | tuōrum deiner | miserōrum | nostrōrum unsrer | vestrōrum eurer |
| Akkusativ Plural | magnōs | meōs meine | tuōs deine | miserōs | nostrōs unsre | vestrōs eure |

1 Dieses Adjektiv ist nur zum Vergleich hier aufgeführt.

Magister meus mē laudat. Sed vōs miserī discipulī estis.
Mein Lehrer lobt mich. Aber ihr seid schlechte Schüler.

Das Personalpronomen (*mē, vōs*) verwendet man im Nominativ nur, wenn man eine Person besonders **hervorheben** möchte. Sonst ist die Person stets im Prädikat ausgedrückt.

## 2. Die Rolle der Wörter im Satz

### Genitiv als Attribut

Lūcius est fīlius Sextī.
Lucius ist der Sohn des Sextus.

Lūcius hortum virī videt.
Lucius sieht den Garten des/eines Mannes.

Der Genitiv antwortet auf die Frage **„Wessen?"**.
Er bezeichnet einen **Besitz** oder eine **Zugehörigkeit**. Der Genitiv nimmt im Satz auch die Rolle des **Attributs** an.

Bei der o-Deklination musst du auf die Endung *-ī* achten, sie steht für den Nominativ Plural und für den Genitiv Singular.

Ein Genitivattribut steht meist vor oder hinter seinem Bezugswort. Es hilft dir, beim Übersetzen auf einen solchen **Wortblock** zu achten.

# Was du in Lektion 4 lernst

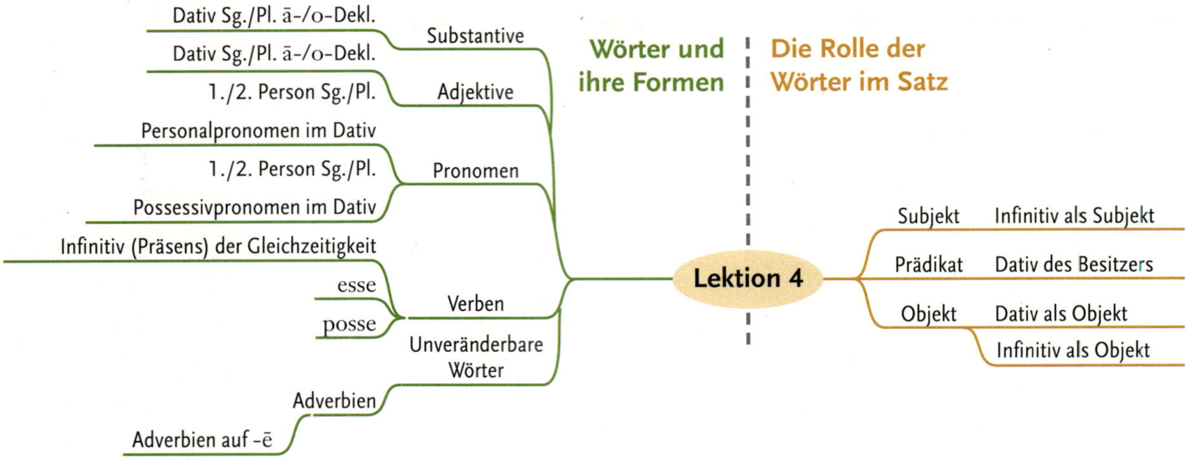


## 1. Wörter und ihre Formen

### 1.1 Nomen im Dativ

**Substantive**

| Dativ Singular | Dativ Plural |
|---|---|
| -ō/-ae/-ō | -īs/-īs/-īs |

| | o-Deklination m. | | ā-Deklination f. | o-Deklination n. |
|---|---|---|---|---|
| Nominativ Singular | servus<br>der Sklave | magister<br>der Lehrer | puella<br>das Mädchen | dōnum<br>das Geschenk |
| Genitiv Singular | servī<br>des Sklaven | magistrī<br>des Lehrers | puellae<br>des Mädchens | dōnī<br>des Geschenks |
| Dativ Singular | servō<br>dem Sklaven | magistrō<br>dem Lehrer | puellae<br>dem Mädchen | dōnō<br>dem Geschenk |
| Akkusativ Singular | servum<br>den Sklaven | magistrum<br>den Lehrer | puellam<br>das Mädchen | dōnum<br>das Geschenk |
| Nominativ Plural | servī<br>die Sklaven | magistrī<br>die Lehrer | puellae<br>die Mädchen | dōna<br>die Geschenke |
| Genitiv Plural | servōrum<br>der Sklaven | magistrōrum<br>der Lehrer | puellārum<br>der Mädchen | dōnōrum<br>der Geschenke |
| Dativ Plural | servīs<br>den Sklaven | magistrīs<br>den Lehrern | puellīs<br>den Mädchen | dōnīs<br>den Geschenken |
| Akkusativ Plural | servōs<br>die Sklaven | magistrōs<br>die Lehrer | puellās<br>die Mädchen | dōna<br>die Geschenke |

## Adjektive

| Dativ Singular | Dativ Plural |
| --- | --- |
| -ō/-ae/-ō | -īs/-īs/-īs |

| | Maskulinum | Femininum | Neutrum | Maskulinum |
| --- | --- | --- | --- | --- |
| Nominativ Singular | magnus | magna | magnum | miser |
| Genitiv Singular | magnī | magnae | magnī | miserī |
| Dativ Singular | magnō | magnae | magnō | miserō |
| Akkusativ Singular | magnum | magnam | magnum | miserum |
| Nominativ Plural | magnī | magnae | magna | miserī |
| Genitiv Plural | magnōrum | magnārum | magnōrum | miserōrum |
| Dativ Plural | magnīs | magnīs | magnīs | miserīs |
| Akkusativ Plural | magnōs | magnās | magna | miserōs |

## Personalpronomen

| | 1. Person | | 2. Person | |
| --- | --- | --- | --- | --- |
| Nominativ Singular | egō | ich | tū | du |
| Dativ Singular | mihi | mir | tibi | dir |
| Akkusativ Singular | mē | mich | tē | dich |
| Nominativ Plural | nōs | wir | vōs | ihr |
| Dativ Plural | nōbīs | uns | vōbīs | euch |
| Akkusativ Plural | nōs | uns | vōs | euch |

## Possessivpronomen

| | | | | | | |
| --- | --- | --- | --- | --- | --- | --- |
| Nominativ Singular | magnus[1] | meus<br>mein | tuus<br>dein | miser[1] | noster<br>unser | vester<br>euer |
| Genitiv Singular | magnī | meī<br>meines | tuī<br>deines | miserī | nostrī<br>unsres | vestrī<br>eures |
| Dativ Singular | magnō | meō<br>meinem | tuō<br>deinem | miserō | nostrō<br>unsrem | vestrō<br>eurem |
| Akkusativ Singular | magnum | meum<br>meinen | tuum<br>deinen | miserum | nostrum<br>unsren | vestrum<br>euren |
| Nominativ Plural | magnī | meī<br>meine | tuī<br>deine | miserī | nostrī<br>unsre | vestrī<br>eure |
| Genitiv Plural | magnōrum | meōrum<br>meiner | tuōrum<br>deiner | miserōrum | nostrōrum<br>unsrer | vestrōrum<br>eurer |
| Dativ Plural | magnīs | meīs<br>meinen | tuīs<br>deinen | miserīs | nostrīs<br>unsren | vestrīs<br>euren |
| Akkusativ Plural | magnōs | meōs<br>meine | tuōs<br>deine | miserōs | nostrōs<br>unsre | vestrōs<br>eure |

1 Dieses Adjektiv ist nur zum Vergleich hier aufgeführt.

### 1.2 posse – „können“

| | | | |
|---|---|---|---|
| possum | ich kann | possumus | wir können |
| potes | du kannst | potestis | ihr könnt |
| potest | er, sie, es kann | possunt | sie können |

Wenn sich das *-t-* an ein folgendes *-s-* anschließt, gilt: *t + s = ss*.

Das Wort *posse* setzt sich zusammen aus *pot-* und *esse*. Diese Zusammensetzung nennt man **Kompositum**.

### 1.3 Infinitiv (Präsens) der Gleichzeitigkeit

salūtāre, vidēre, audīre; esse, posse
grüßen, sehen, hören; sein, können

Der **Infinitiv (Grundform)** der meisten Verben ist an *-re* zu erkennen.

## 2. Die Rolle der Wörter im Satz

### 2.1 Die Rolle des Dativs im Satz

#### Dativ als Objekt

Iam vīllae appropinquāmus.
Schon nähern wir uns dem/einem Landhaus.

Wem? – dem/einem Landhaus

Der Dativ nimmt im Satz auch die Rolle eines **Objekts** ein. Er antwortet auf die Frage **„Wem?/Für wen?“**.

Bei der Endung *-ae* musst du besonders aufpassen: Sie steht beim Genitiv Singular, Dativ Singular und Nominativ Plural.

Nur bei wenigen Verben ist ein Dativobjekt möglich („geben, schicken, helfen“).

Daher hilft es dir, auf das Verb zu achten, um ein Dativobjekt zu erkennen.

#### Dativ des Besitzers (*possessivus*)

Mihi vīlla magna est.
Mir gehört ein großes Landhaus.
oder
Ich habe/besitze ein großes Landhaus.

Begegnet dir im Satz ein Dativ in Verbindung mit dem Verb *esse*, so gibt dieser den Besitzer einer Sache an. Wir nennen ihn daher **Dativ des Besitzers (*possessivus*)**.

Im Deutschen übersetzt du diese Wendung am besten mit **„gehören“** oder **„haben/besitzen“**.

## 2.2 Die Rolle des Infinitivs im Satz

Der **Infinitiv** kann im Satz die Rolle des **Subjekts** („Wer/Was?") oder **Objekts** („Wen/Was?") übernehmen.

Labōrāre mihi nōn placet. (Subjekt)
Arbeiten gefällt mir nicht.

Puerī tacēre possunt. (Objekt)
Die Jungen können schweigen.

## 2.3 Adverb

Adverbien beschreiben meistens die **Art und Weise** einer **Handlung** näher. Im Deutschen sieht ein Adverb oft aus wie ein Adjektiv, es hat keine eigene Endung.
Aus einem Adjektiv wird ein Adverb durch die Endung *-ē*.

Servī dūrē labōrant.
Die Sklaven arbeiten hart.

Wie arbeiten sie?

# Was du in Lektion 5 lernst

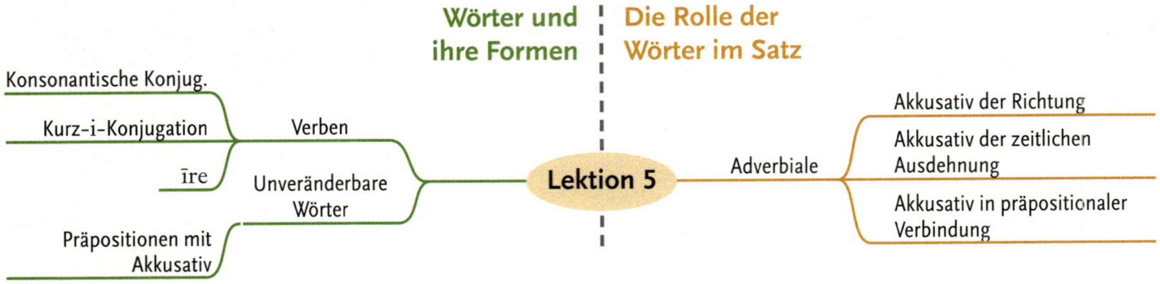


## 1. Wörter und ihre Formen

### 1.1 Verben der konsonantischen und kurz-i-Konjugation

Zwischen der Personalendung und dem Stamm steht der Sprechvokal *-ĭ-*, bei der 3. Person Plural der Sprechvokal *-u-*.

| | ī-Konjugation audīre | konsonantische Konjugation currere | kurz-i-Konjugation cupere |
|---|---|---|---|
| 1. Person Singular | audiō | currō | cupiō |
| 2. Person Singular | audīs | curris | cupis |
| 3. Person Singular | audit | currit | cupit |
| 1. Person Plural | audīmus | currimus | cupimus |
| 2. Person Plural | audītis | curritis | cupitis |
| 3. Person Plural | audiunt | currunt | cupiunt |
| Imperativ Singular | audī! | curre! | cupe! |
| Imperativ Plural | audīte! | currite! | cupite! |

### 1.2 īre – „gehen“

| | Singular | | Plural | |
|---|---|---|---|---|
| 1. Person | eō | ich gehe | īmus | wir gehen |
| 2. Person | īs | du gehst | ītis | ihr geht |
| 3. Person | it | er, sie, es geht | eunt | sie gehen |
| Imperativ | ī! | geh(e)! | īte! | geht! |

## 2. Die Rolle der Wörter im Satz

### Adverbiale

Lūcius ad/in Circum it.
Lucius geht zum/in den Circus.

Lūcius multās hōrās per stabula it.
Lucius geht viele Stunden (lang) durch die Ställe.

Der Akkusativ beantwortet dir neben der Frage „Wen oder Was?" auch die Frage **„Wohin?"**. Er gibt damit die **Richtung** an und steht dann oft in Verbindung mit den Präpositionen *in* oder *ad*.
Er beantwortet auch die Frage **„Wie lange?"**. Er gibt damit die **zeitliche Ausdehnung** an.

Lūcius per Rōmam it.
Lucius geht durch Rom.

Auch die Präposition *per* steht mit Akkusativ.

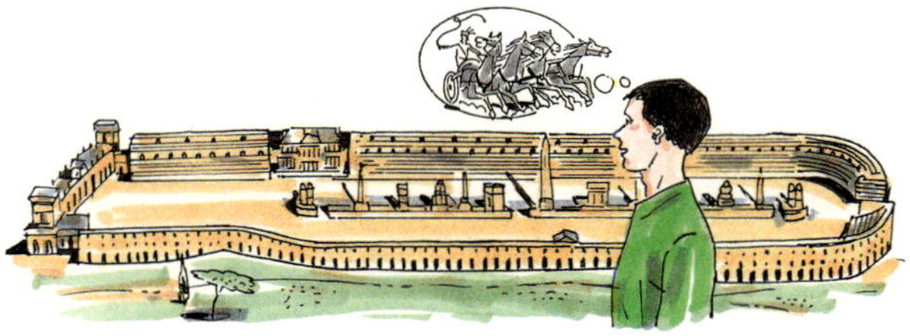

Ad Circum eō.
Ich gehe zum Circus. (Wohin?)

In Circum īre iuvat.
Es macht Spaß, in den Circus zu gehen. (Wohin?)

Das **Adverbiale** bestimmt das Prädikat näher. Es beschreibt z. B., wohin jemand geht oder wie lange eine Handlung dauert. Die präpositionalen Verbindungen (Präpositionen mit einem Substantiv), die du in dieser Lektion kennenlernst, nennen wir **Adverbiale der Richtung** und **der zeitlichen Ausdehnung**.
Das Adverbiale bildet einen eigenen **Wortblock**.

# Was du in Lektion 6 lernst

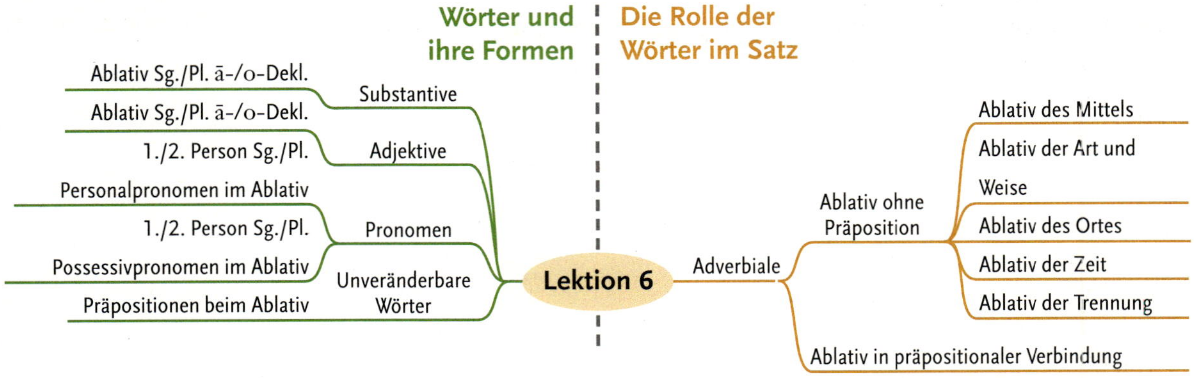


## 1. Wörter und ihre Formen

### Nomen im Ablativ

| Ablativ Singular | Ablativ Plural |
|---|---|
| -ō/-ā/-ō | -īs/-īs/-īs |

**Substantive**

| | o-Deklination m. | | ā-Deklination f. | o-Deklination n. |
|---|---|---|---|---|
| Nominativ Singular | servus<br>der Sklave | magister<br>der Lehrer | puella<br>das Mädchen | dōnum<br>das Geschenk |
| Genitiv Singular | servī<br>des Sklaven | magistrī<br>des Lehrers | puellae<br>des Mädchens | dōnī<br>des Geschenks |
| Dativ Singular | servō<br>dem Sklaven | magistrō<br>dem Lehrer | puellae<br>dem Mädchen | dōnō<br>dem Geschenk |
| Akkusativ Singular | servum<br>den Sklaven | magistrum<br>den Lehrer | puellam<br>das Mädchen | dōnum<br>das Geschenk |
| Ablativ Singular | cum servō<br>mit dem Sklaven | cum magistrō<br>mit dem Lehrer | cum puellā<br>mit dem Mädchen | dōnō<br>mit dem Geschenk |
| Nominativ Plural | servī<br>die Sklaven | magistrī<br>die Lehrer | puellae<br>die Mädchen | dōna<br>die Geschenke |
| Genitiv Plural | servōrum<br>der Sklaven | magistrōrum<br>der Lehrer | puellārum<br>der Mädchen | dōnōrum<br>der Geschenke |
| Dativ Plural | servīs<br>den Sklaven | magistrīs<br>den Lehrern | puellīs<br>den Mädchen | dōnīs<br>den Geschenken |
| Akkusativ Plural | servōs<br>die Sklaven | magistrōs<br>die Lehrer | puellās<br>die Mädchen | dōna<br>die Geschenke |
| Ablativ Plural | cum servīs<br>mit den Sklaven | cum magistrīs<br>mit den Lehrern | cum puellīs<br>mit den Mädchen | dōnīs<br>mit den Geschenken |

## Adjektive

| | Maskulinum | Femininum | Neutrum | Maskulinum |
|---|---|---|---|---|
| Nominativ Singular | magnus | magna | magnum | miser |
| Genitiv Singular | magnī | magnae | magnī | miserī |
| Dativ Singular | magnō | magnae | magnō | miserō |
| Akkusativ Singular | magnum | magnam | magnum | miserum |
| Ablativ Singular | magnō | magnā | magnō | miserō |
| Nominativ Plural | magnī | magnae | magna | miserī |
| Genitiv Plural | magnōrum | magnārum | magnōrum | miserōrum |
| Dativ Plural | magnīs | magnīs | magnīs | miserīs |
| Akkusativ Plural | magnōs | magnās | magna | miserōs |
| Ablativ Plural | magnīs | magnīs | magnīs | miserīs |

Ablativ Singular
-ō/-ā/-ō
Ablativ Plural
-īs/-īs/-īs

## Personalpronomen

| | 1. Person | | 2. Person | |
|---|---|---|---|---|
| Nominativ Singular | egō | ich | tū | du |
| Dativ Singular | mihi | mir | tibi | dir |
| Akkusativ Singular | mē | mich | tē | dich |
| Ablativ Singular | ā mē/mēcum | von mir/mit mir | ā tē/tēcum | von dir/mit dir |
| Nominativ Plural | nōs | wir | vōs | ihr |
| Dativ Plural | nōbīs | uns | vōbīs | euch |
| Akkusativ Plural | nōs | uns | vōs | euch |
| Ablativ Plural | ā nōbīs/nōbīscum | von uns/mit uns | ā vōbīs/vōbīscum | von euch/mit euch |

## Possessivpronomen

| | | | | | | | |
|---|---|---|---|---|---|---|---|
| Singular | Nominativ | magnus[1] | meus<br>mein | tuus<br>dein | miser[1] | noster<br>unser | vester<br>euer |
| | Genitiv | magnī | meī<br>meines | tuī<br>deines | miserī | nostrī<br>unsres | vestrī<br>eures |
| | Dativ | magnō | meō<br>meinem | tuō<br>deinem | miserō | nostrō<br>unsrem | vestrō<br>eurem |
| | Akkusativ | magnum | meum<br>meinen | tuum<br>deinen | miserum | nostrum<br>unsren | vestrum<br>euren |
| | Ablativ | magnō | meō<br>mit meinem | tuō<br>mit deinem | miserō | nostrō<br>mit unsrem | vestrō<br>mit eurem |
| Plural | Nominativ | magnī | meī<br>meine | tuī<br>deine | miserī | nostrī<br>unsre | vestrī<br>eure |
| | Genitiv | magnōrum | meōrum<br>meiner | tuōrum<br>deiner | miserōrum | nostrōrum<br>unsrer | vestrōrum<br>eurer |
| | Dativ | magnīs | meīs<br>meinen | tuīs<br>deinen | miserīs | nostrīs<br>unsren | vestrīs<br>euren |
| | Akkusativ | magnōs | meōs<br>meine | tuōs<br>deine | miserōs | nostrōs<br>unsre | vestrōs<br>eure |
| | Ablativ | magnīs | meīs<br>mit meinen | tuīs<br>mit deinen | miserīs | nostrīs<br>mit unsren | vestrīs<br>mit euren |

1 Dieses Adjektiv ist nur zum Vergleich hier aufgeführt.

## 2. Die Rolle der Wörter im Satz

### 2.1 Sinnrichtungen des Ablativs

Der Ablativ hat im Satz in der Regel die Rolle eines **Adverbiales**.

Der Ablativ beantwortet folgende Fragen:
1. **„Wodurch?/Womit?“** (Ablativ des **Mittels**)
2. **„Wo?“** und **„Wann?“** (Ablativ des **Ortes** und der **Zeit**)
3. **„Woher?/Wovon?“** (Ablativ der **Trennung**)

Der Ablativ steht oft **mit Präposition** *(ā/ab, ē/ex, dē, cum, sine, prō, prae).* Er kann auch **ohne Präposition** stehen, dann antwortet er meistens auf die Frage **„Wodurch/Womit?“**.

Im Deutschen wird der Ablativ in der Regel mit einer **präpositionalen Verbindung** (Präposition mit einem Substantiv) wiedergegeben.

Beachte, dass Dativ und Ablativ bei der o-Deklination im Singular und in allen Pluralformen dieselben Endungen haben.

Bei der Übersetzung hilft es dir, daran zu denken, dass Adverbiale im Ablativ häufiger vorkommen als ein Dativobjekt.

**Ablativ des Mittels *(instrumentalis* oder *instrumenti)***

Puerī pilā ludunt.
Die Jungen spielen mit dem Ball.

**Ablativ der Gemeinschaft *(sociativus)***

Lūcius cum amīcō lūdit.
Lucius spielt mit dem Freund.

**Ablativ der Art und Weise *(modi)***

Magnō cum gaudiō clāmat.
Mit großer Freude ruft er.

Nam aliō modō statuās movēre nōn possunt.
Denn sie können die Standbilder auf andere Art und Weise nicht bewegen.

**Ablativ des Ortes *(loci)***

Lūcius cum Aulō amīcō in hortō est.
Lucius ist mit dem Freund Aulus im Garten.

Aliīs locīs lūdere nōbīs nōn licet.
An anderen Plätzen dürfen wir nicht spielen.

**Ablativ der Zeit *(temporis)***

Tertiā hōrā ad balneās veniunt.
In der dritter Stunde kommen sie zu den Bädern.

**Ablativ der Trennung *(separativus)***

Sine aquā lavāre nōn possumus.
Ohne Wasser können wir uns nicht waschen.

Statuās locō movēre nōn possunt.
Sie können die Standbilder nicht von der Stelle bewegen.

## 2.2 Übersicht

| **Frage?** | **Sinnrichtung** | **Beispiele**<br>**Lateinisch** | **Deutsch** |
|---|---|---|---|
| **Womit?** | Mittel *(instrumenti, instrumentalis)* | - pilā | - mit dem/einem Ball |
| **Wie?** | Art und Weise *(modi)* | - aliō modō<br>- cum gaudiō | - auf andere Art und Weise<br>- mit Freude/froh |
| **Wo?** | Ort *(loci)* | - aliīs locīs<br>- in viā | - an anderen Plätzen<br>- auf der Straße |
| **Wann?** | Zeit *(temporis)* | - tertiā hōrā | - in der dritten Stunde |
| **Woher?** | Trennung *(separativus)* | - locō<br>- sine aquā | - von der Stelle<br>- ohne Wasser |

# Was du in Lektion 7 lernst

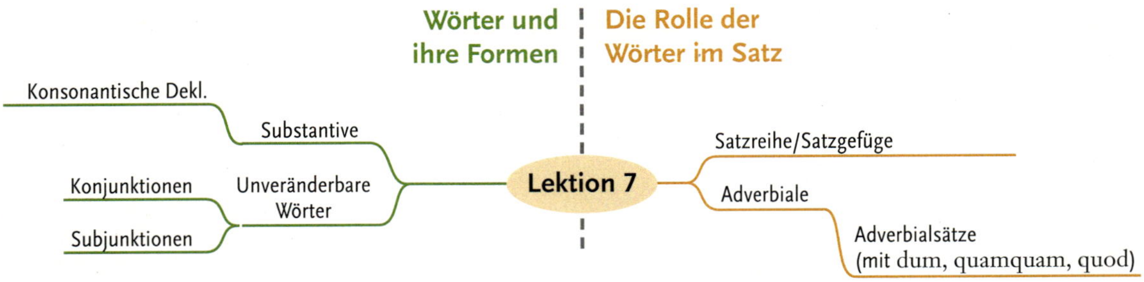


## 1. Wörter und ihre Formen

### Nomen: Substantive der konsonantischen Deklination

| | o-Deklination m. | konsonantische Deklination m. | konsonantische Deklination f. | o-Deklination n. | konsonantische Deklination n. |
|---|---|---|---|---|---|
| Nominativ Singular | servus<br>der Sklave | senātor<br>der Senator | vōx<br>die Stimme | dōnum<br>das Geschenk | caput<br>der Kopf |
| Genitiv Singular | servī<br>des Sklaven | senātōris<br>des Senators | vōcis<br>der Stimme | dōnī<br>des Geschenks | capitis<br>des Kopfes |
| Dativ Singular | servō<br>dem Sklaven | senātōrī<br>dem Senator | vōcī<br>der Stimme | dōnō<br>dem Geschenk | capitī<br>dem Kopf |
| Akkusativ Singular | servum<br>den Sklaven | senātōrem<br>den Senator | vōcem<br>die Stimme | dōnum<br>das Geschenk | caput<br>den Kopf |
| Ablativ Singular | cum servō<br>mit dem Sklaven | cum senātōre<br>mit dem Senator | vōce<br>mit der Stimme | dōnō<br>mit dem Geschenk | capite<br>mit dem Kopf |
| Nominativ Plural | servī<br>die Sklaven | senātōrēs<br>die Senatoren | vōcēs<br>die Stimmen | dōna<br>die Geschenke | capita<br>die Köpfe |
| Genitiv Plural | servōrum<br>der Sklaven | senātōrum<br>der Senatoren | vōcum<br>der Stimmen | dōnōrum<br>der Geschenke | capitum<br>der Köpfe |
| Dativ Plural | servīs<br>den Sklaven | senātōribus<br>den Senatoren | vōcibus<br>den Stimmen | dōnīs<br>den Geschenken | capitibus<br>den Köpfen |
| Akkusativ Plural | servōs<br>die Sklaven | senātōrēs<br>die Senatoren | vōcēs<br>die Stimmen | dōna<br>die Geschenke | capita<br>die Köpfe |
| Ablativ Plural | cum servīs<br>mit den Sklaven | cum senātōribus<br>mit den Senatoren | vōcibus<br>mit den Stimmen | dōnīs<br>mit den Geschenken | capitibus<br>mit den Köpfen |

| Singular | Plural |
|---|---|
| *endungslos* -is/-is/-is -ī/-ī/-ī<br>-em/-em/*Neutrum = Nom.* -e/-e/-e | -ēs/-ēs/-a -um/-um/-um -ibus/-ibus/-ibus<br>-ēs/-ēs/-a -ibus/-ibus/-ibus |

Du hast bereits Substantive der ā- und ō-Deklination, deren Stamm auf einen Vokal auslautet, kennengelernt.
Die Substantive der konsonantischen Deklination enden in ihrem Stamm auf einen Konsonanten.
Du erhältst den Stamm eines Substantivs, indem du den Genitiv Singular bildest, z. B. (Nom.) *caput*, (Gen.) ***capitis***.

Wenn du vom Genitiv Singular die Kasusendung abstreichst, erhältst du den Wortstock. Die Kenntnis des Wortstocks hilft dir, die Grundform eines Nomens zu finden. Deshalb musst du bei den Nomen den Genitiv Singular mitlernen.

## 2. Die Rolle der Wörter im Satz

### 2.1 Satzreihe

Puerī pilā lūdunt, sed hortus parvus est.
Die Jungen spielen mit dem Ball, aber der Garten ist klein.

**Beiordnende Bindewörter (Konjunktionen)**, wie *nam* oder *sed*, verbinden zwei Hauptsätze miteinander. Diese Verbindung nennt man **Satzreihe**:

Hauptsatz + Hauptsatz.

### 2.2 Satzgefüge

Aulus venīre nōn potest,
quod aegrōtus est.
Aulus kann nicht kommen,
weil er krank ist.

**Unterordnende Bindewörter (Subjunktionen)**, wie *quamquam* oder *quod*, leiten einen Nebensatz ein. Ein Nebensatz ist einem anderen Satz untergeordnet. Ein Hauptsatz und ein Nebensatz bilden ein **Satzgefüge**:

Hauptsatz + Nebensatz.

Ein Nebensatz steht nicht alleine.

Im Deutschen steht das **Prädikat** im Nebensatz an **letzter Stelle**.

### 2.3 Adverbialsätze

Quamquam diū vōs iam exspectō,
īrātus nōn sum.
Obwohl ich euch schon lange erwarte,
bin ich nicht zornig.

Einige Nebensätze (eingeleitet durch *dum*, *quamquam*, *quod*) können die Rolle eines Adverbiales (Zeit, Einräumung, Grund etc.) einnehmen. Sie heißen deshalb **Adverbialsätze**.

**Folgende unterordnende Bindewörter (Subjunktionen)** kennst du nun:

| Unterordnendes Bindewort (Subjunktion) | | Adverbiale Bestimmung |
|---|---|---|
| **Lateinisch** | **Deutsch** | |
| dum | während | Zeit (temporal) |
| quamquam | obgleich, obwohl | Einräumung (konzessiv) |
| quod | weil | Grund (kausal) |

# Was du in Lektion 8 lernst

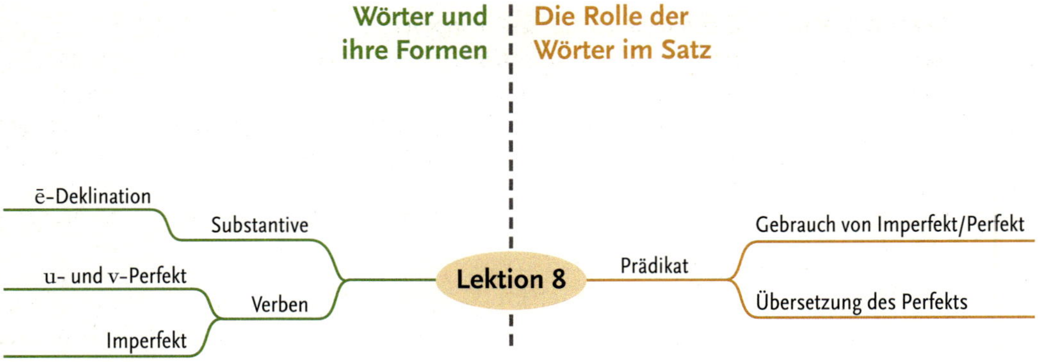


## 1. Wörter und ihre Formen

### 1.1 Substantive der ē-Deklination

| | konsonantische Deklination | ē-Deklination |
|---|---|---|
| Nominativ Singular | vōx<br>die Stimme | diēs<br>der Tag |
| Genitiv Singular | vōcis<br>der Stimme | diēī<br>des Tages |
| Dativ Singular | vōcī<br>der Stimme | diēī<br>dem Tag |
| Akkusativ Singular | vōcem<br>die Stimme | diem<br>den Tag |
| Ablativ Singular | vōce<br>mit der Stimme | diē<br>an dem Tag |
| Nominativ Plural | vōcēs<br>die Stimmen | diēs<br>die Tage |
| Genitiv Plural | vōcum<br>der Stimmen | diērum<br>der Tage |
| Dativ Plural | vōcibus<br>den Stimmen | diēbus<br>den Tagen |
| Akkusativ Plural | vōcēs<br>die Stimmen | diēs<br>die Tage |
| Ablativ Plural | vōcibus<br>mit den Stimmen | diēbus<br>an den Tagen |

| Singular | Plural |
|---|---|
| -ēs | -ēs |
| -eī | -ērum |
| -eī | -ēbus |
| -em | -ēs |
| -ē | -ēbus |

Die Substantive der ē-Deklination erkennst du am „*e*" in ihren Endungen.

Achte besonders auf den Genitiv Singular: Bei der ē-Deklination lautet die Endung *-ī*, bei der konsonantischen Deklination *-is*.

## 1.2 Perfekt

### v- und u-Perfekt

| | ā-Konjugation salūtāre | ē-Konjugation praebēre | ī-Konjugation audīre | esse | posse |
|---|---|---|---|---|---|
| 1. Person Singular | salūtāvī ich habe gegrüßt/ grüßte | praebuī ich habe gegeben/ gab | audīvī ich habe gehört/ hörte | fuī ich bin gewesen/ war | potuī ich habe gekonnt/ konnte |
| 2. Person Singular | salūtāvistī du hast gegrüßt/ grüßtest | praebuistī du hast gegeben/ gabst | audīvistī du hast gehört/ hörtest | fuistī du bist gewesen/ warst | potuistī du hast gekonnt/ konntest |
| 3. Person Singular | salūtāvit er, sie, es hat gegrüßt/grüßte | praebuit er, sie, es hat gegeben/gab | audīvit er, sie, es hat gehört/hörte | fuit er, sie, es ist gewesen/war | potuit er, sie, es hat gekonnt/konnte |
| 1. Person Plural | salūtāvimus wir haben gegrüßt/ grüßten | praebuimus wir haben gegeben/gaben | audīvimus wir haben gehört/ hörten | fuimus wir sind gewesen/ waren | potuimus wir haben gekonnt/ konnten |
| 2. Person Plural | salūtāvistis ihr habt gegrüßt/ grüßtet | praebuistis ihr habt gegeben/ gabt | audīvistis ihr habt gehört/ hörtet | fuistis ihr seid gewesen/ wart | potuistis ihr habt gekonnt/ konntet |
| 3. Person Plural | salūtāvērunt sie haben gegrüßt/ grüßten | praebuērunt sie haben gegeben/gaben | audīvērunt sie haben gehört/ hörten | fuērunt sie sind gewesen/ waren | potuērunt sie haben gekonnt/ konnten |

| Perfektkennzeichen | Perfektendung |
|---|---|
| | -ī |
| | -istī |
| -v- | -it |
| | -imus |
| -u- | -istis |
| | -ērunt |

Wenn du im Perfekt die Endung der 1. Person Singular abtrennst, erhältst du den **Perfektstamm**. Endet der Stamm auf -v-, spricht man von v-Perfekt, endet er auf -u-, spricht man von u-Perfekt.

Die Verben der ā-Konjugation haben meistens ein v-Perfekt, die der ē-Konjugation ein u-Perfekt.
Wenn du diese Regel kennst, ersparst du dir viel Lernaufwand.

## 1.3 Imperfekt

| | ā-Konjugation salūtāre | ē-Konjugation praebēre | ī-Konjugation audīre | konsonantische Konjugation currere | kurz-i-Konjugation cupere |
|---|---|---|---|---|---|
| 1. Person Singular | salūtābam ich grüßte | praebēbam ich gab | audiēbam ich hörte | currēbam ich lief | cupiēbam ich wünschte |
| 2. Person Singular | salūtābās du grüßtest | praebēbās du gabst | audiēbās du hörtest | currēbās du liefst | cupiēbās du wünschtest |
| 3. Person Singular | salūtābat er, sie, es grüßte | praebēbat er, sie, es gab | audiēbat er, sie, es hörte | currēbat es, sie, es lief | cupiēbat er, sie, es wünschte |
| 1. Person Plural | salūtābāmus wir grüßten | praebēbāmus wir gaben | audiēbāmus wir hörten | currēbāmus wir liefen | cupiēbāmus wir wünschten |
| 2. Person Plural | salūtābātis ihr grüßtet | praebēbātis ihr gabt | audiēbātis ihr hörtet | currēbātis ihr lieft | cupiēbātis ihr wünschtet |
| 3. Person Plural | salūtābant sie grüßten | praebēbant sie gaben | audiēbant sie hörten | currēbant sie liefen | cupiēbant sie wünschten |

| | Imperfekt |
|---|---|
| | -m |
| | -s |
| | -t |
| -ba- | -mus |
| | -tis |
| | -nt |

Bei der ī-Konjugation, der konsonantischen und der kurz-i-Konjugation kommt noch der Sprechvokal *-ē-* vor das **Tempuskennzeichen** ***-ba-*** (→ *-ē-ba-*).

| | esse | posse | īre |
|---|---|---|---|
| 1. Person Singular | eram ich war | poteram ich konnte | ībam ich ging |
| 2. Person Singular | erās du warst | poterās du konntest | ībās du gingst |
| 3. Person Singular | erat er, sie, es war | poterat er, sie, es konnte | ībat er, sie, es ging |
| 1. Person Plural | erāmus wir waren | poterāmus wir konnten | ībāmus wir gingen |
| 2. Person Plural | erātis ihr wart | poterātis ihr konntet | ībātis ihr gingt |
| 3. Person Plural | erant sie waren | poterant sie konnten | ībant sie gingen |

## 2. Die Rolle der Wörter im Satz

### 2.1 Gebrauch von Perfekt und Imperfekt im Text

Lūcius cum Aulō amīcō in hortō lūdēbat.
Lucius spielte mit seinem Freund Aulus im Garten.

Subitō avus amīcīs appropinquāvit.
Plötzlich näherte sich der Großvater den Freunden.

Beide Tempora bezeichnen Handlungen, Ereignisse oder Zustände in der Vergangenheit. Dennoch unterscheiden sie sich im Gebrauch voneinander.

In einer Erzählung der Vergangenheit beschreibt das **Imperfekt** den Hintergrund, das Perfekt dagegen etwas Neues.
Das Imperfekt betont die **Dauer** oder die **Wiederholung** eines Geschehens. Das Perfekt dagegen drückt eine einzelne Handlung aus, die in der Vergangenheit **einmal stattgefunden** hat.

### 2.2 Übersetzung des Perfekts

Gaius: „Cūr nihil audīvistis?“
Titus: „Egō nihil audīvī, quod in Siciliā fuī.“
Gaius: „Warum habt ihr nichts gehört?“
Titus: „Ich habe nichts gehört, weil ich in Sizilien gewesen bin.“

(Gaius nārrat:)
Diēs mortis Caesaris cūnctīs virīs bonīs diēs āter fuit.
Diē mortis multī in forō adfuērunt et lacrimās tenēre nōn potuērunt.
Caesars Todestag war für alle guten Männer ein Unglückstag.
Am Tage seines Todes befanden sich viele auf dem Forum und konnten ihre Tränen nicht zurückhalten.

Wenn das lateinische Perfekt in der direkten Rede steht, hat es oft einen Bezug zur Gegenwart. Deshalb übersetzt man es im Deutschen mit Perfekt.

Wenn das Perfekt hingegen in Erzählungen steht, beschreibt es Handlungen der Vergangenheit. Dann musst du es im Deutschen mit dem Präteritum übersetzen.

Wenn das **lateinische Perfekt in der 1. oder 2. Person** steht, kannst du es in der Regel auch im **Deutschen mit Perfekt** übersetzen. Das **lateinische Imperfekt** kannst du am besten mit dem **deutschen Präteritum** übersetzen.

# Was du in Lektion 9 lernst

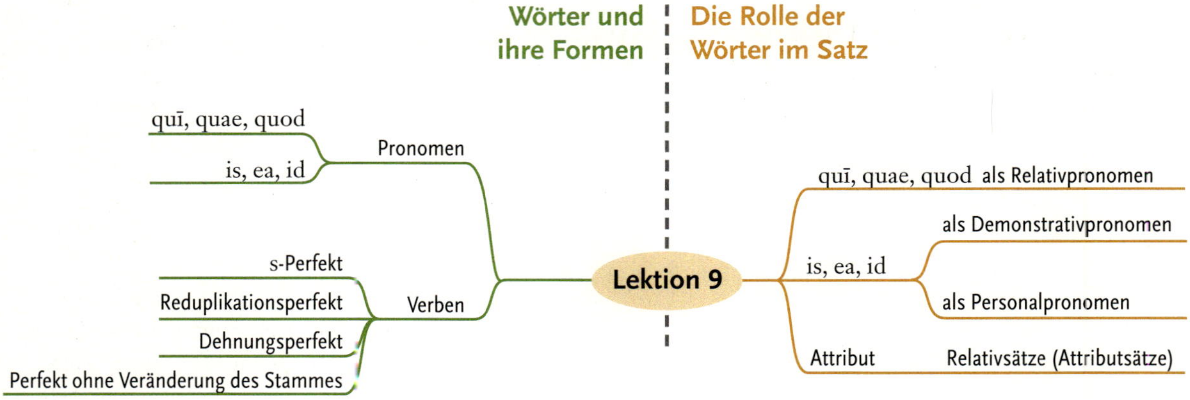


## 1. Wörter und ihre Formen

### 1.1 Relativpronomen quī, quae, quod

| | Singular | | | Plural | | |
|---|---|---|---|---|---|---|
| | m. | f. | n. | m. | f. | n. |
| Nominativ | quī<br>welcher/der; wer | quae<br>welche/die | quod<br>welches/das; was | quī<br>welche/die | quae<br>welche/die | quae<br>welche/die |
| Genitiv | cuius<br>dessen | cuius<br>deren | cuius<br>dessen | quōrum<br>deren | quārum<br>deren | quōrum<br>deren |
| Dativ | cuī<br>welchem/dem | cuī<br>welcher/der | cuī<br>welchem/dem | quibus<br>welchen/denen | quibus<br>welchen/denen | quibus<br>welchen/denen |
| Akkusativ | quem<br>welchen/den; wen | quam<br>welche/die | quod<br>welches/das; was | quōs<br>welche/die | quās<br>welche/die | quae<br>welche/die |
| Ablativ | (ā) quō<br>von welchem/dem<br>quōcum<br>mit welchem/dem | (ā) quā<br>von welcher/der<br>quācum<br>mit welcher/der | quō<br>durch welches/das<br>quōcum<br>mit welchem/dem | (ā) quibus<br>von welchen/denen<br>quibuscum<br>mit welchen/denen | (ā) quibus<br>von welchen/denen<br>quibuscum<br>mit welchen/denen | quibus<br>durch welche/die<br>quibuscum<br>mit welchen/denen |

## 1.2 is, ea, id

| | Singular | | | Plural | | |
|---|---|---|---|---|---|---|
| | m. | f. | n. | m. | f. | n. |
| Nominativ | is<br>dieser/er | ea<br>diese/sie | id<br>dieses/es | iī (eī)<br>diese/sie | eae<br>diese/sie | ea<br>diese/sie |
| Genitiv | eius<br>dieses/– | eius<br>dieser/– | eius<br>dieses/– | eōrum<br>dieser/– | eārum<br>dieser/– | eōrum<br>dieser/– |
| Dativ | eī<br>diesem/ihm | eī<br>dieser/ihr | eī<br>diesem/ihm | iīs (eīs)<br>diesen/ihnen | iīs (eīs)<br>diesen/ihnen | iīs (eīs)<br>diesen/ihnen |
| Akkusativ | eum<br>diesen/ihn | eam<br>diese/sie | id<br>dieses/es | eōs<br>diese/sie | eās<br>diese/sie | ea<br>diese/sie |
| Ablativ | (ab) eō<br>von diesem/ ihm | (ab) eā<br>von dieser/ihr | eō<br>durch dieses/ es | (ab) iīs (eīs)<br>von diesen/ ihnen | (ab) iīs (eīs)<br>von diesen/ ihnen | iīs (eīs)<br>durch diese, dadurch/sie |

## 1.3 Perfektstämme

| Perfektstamm | Perfekt |
|---|---|
| s-Perfekt | maneō → mān-s-ī<br>dūcō → dūxī (dūc-s-ī)<br>aspiciō → aspexī (-spec-s-ī)<br>discēdō → discessī |
| Reduplikations-perfekt | dō → de-dī<br>currō → cu-currī |
| Dehnungsperfekt | videō → vīdī<br>veniō → vēnī<br>fugiō → fūgī<br>iuvat → iūvit |
| Perfekt ohne Veränderung des Stammes | respondeō → respondī<br>it → iit |

Neben dem u- und v-Perfekt gibt es noch weitere Perfektstämme. Du hast gelernt, dass die Verben der ā- und ē-Konjugation meistens ein v- bzw. u-Perfekt bilden. Bei den Verben der übrigen Konjugationen gibt es keine solche Regel.
Daher musst du bei diesen Verben die 1. Person Perfekt mitlernen.

Wie du in der Tabelle links siehst, tanzen einige Verben der ā- und ē-Konjugation aus der Reihe.

In den Perfektformen von īre (und Zusammensetzungen) wird *-ii-* vor *-s-* zu *-ī-* zusammengezogen:
iisse → īsse
iisti → īstī usw.

## 2. Die Rolle der Wörter im Satz

### 2.1 Relativsätze

Statt mit einer Subjunktion (z. B. *quod, quamquam, dum*) kann ein Nebensatz auch mit einem **Relativpronomen** eingeleitet werden. Solche Nebensätze nennt man **Relativsätze**. Ein Relativpronomen bezieht sich in der Regel auf ein Substantiv oder Pronomen im Hauptsatz.
Das Relativpronomen steht – wie im Deutschen – in demselben Numerus und Genus wie das Bezugswort (NG-Kongruenz). Der Kasus des Relativpronomens richtet sich – wie im Deutschen – nach seiner Rolle im Relativsatz.

Du hast bereits Attribute im Satz kennengelernt. Die **Relativsätze** übernehmen im Satz die **Rolle eines Attributs**. Daher nennt man sie auch **Attributsätze**.

Vibia amīcam, **quae** in ātriō stābat, vīdit.
Vibia sah ihre Freundin, **die** im Atrium stand.

Tiberius Vibiam, **cuius** amīca in ātriō stābat, salūtāvit.
Quintus begrüßte Vibia, **deren** Freundin im Atrium stand.

Pater Quīntum, **cuī** fīliam in mātrimōnium dedit, salūtat.
Der Vater begrüßt Quintus, **dem** er seine Tochter zur Frau gegeben hat.

Convīvae, **quōs** pater salūtāvit, ad cēnam eunt.
Die Gäste, **die** der Vater begrüßt hat, gehen zum Essen.

Ātrium, in **quō** convīvae stant, magnum est.
Das Atrium, in **dem** die Gäste stehen, ist groß.

Convīvae, **quibuscum** pater ad cēnam it, laetī sunt.
Die Gäste, **mit denen** der Vater zum Essen geht, sind fröhlich.

Wenn das Relativpronomen im Ablativ mit der Präposition *cum* verbunden wird, wird die Präposition an das Relativpronomen angehängt: *quōcum, quācum, quibuscum*.

## 2.2 is, ea, id

Multī amīcī ad cēnam nūptiālem adsunt.
Iī amīcī Vibiam salūtant.
Viele Freunde sind beim Hochzeitsessen anwesend.
Diese Freunde begrüßen Vibia.

Multī amīcī ad cēnam nūptiālem adsunt.
Etiam Vibia eōs salūtat.
Viele Freunde sind beim Hochzeitsessen anwesend.
Auch Vibia begrüßt sie.

Das Pronomen *is, ea, id* übernimmt im Satz verschiedene Rollen:

1. Es kann wie ein Adjektiv in KNG-Kongruenz zu einem Substantiv stehen, das aus dem vorangehenden Satz bekannt ist.
   In diesem Fall ist es ein **Demonstrativpronomen** und wird mit **„diese(r/s)"** übersetzt.

2. Es kann auch für sich allein und stellvertretend für einen Namen oder ein Substantiv stehen, die vorher genannt wurden.
   Dann übernimmt es die Rolle eines **Personalpronomens** und wird mit **„er, sie, es"** übersetzt.

Ea, quae in ātriō stat, amīca Vibiae est.
Die(jenige), die im Atrium steht, ist Vibias Freundin.

3. Es kann auf einen **Relativsatz vorverweisen**. In diesem Fall zeigt dir erst der Relativsatz, wer oder was mit *is, ea, id* gemeint ist.
   Übersetzen musst du es dann mit **„der(jenige), die(jenige), das(jenige)"**.

# Was du in Lektion 10 lernst

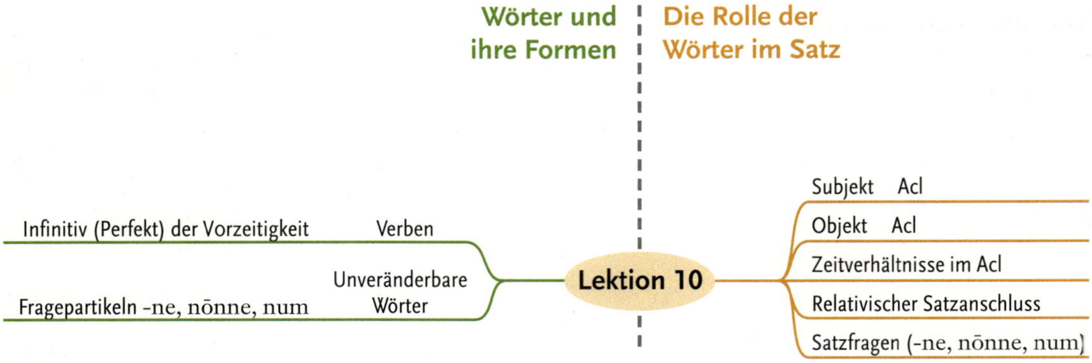


## 1. Wörter und ihre Formen

### Infinitiv (Perfekt) der Vorzeitigkeit

| Infinitiv Präsens | | Infinitiv Perfekt | |
|---|---|---|---|
| **Präsensstamm** | **Endung** | **Perfektstamm** | **Endung** |
| salūtā- | | salūtāv- | |
| praebē- | | praebu- | |
| dīce- | | dīx- | |
| da- | -re | ded- | -isse |
| venī- | | vēn- | |
| vidē- | | vīd- | |
| respondē- | | respond- | |
| esse | | fu- | |
| posse | | potu- | |
| īre | | i- | → īsse |

**Infinitiv Perfekt**
**-isse**

Zur Bildung des Infinitivs Perfekt wird an den Perfektstamm die **Infinitivendung *-isse*** angehängt. Diese Regel gilt für alle Verben.

| | |
|---|---|
| salūtāvisse | gegrüßt (zu) haben |
| vēnisse | gekommen (zu) sein |
| fuisse | gewesen (zu) sein |
| potuisse | gekonnt (zu) haben |
| īsse | gegangen (zu) sein |

## 2. Die Rolle der Wörter im Satz

### 2.1 Relativischer Satzanschluss

Nōs Iūdaeī ūnum deum colimus.
Quī hominēs creāvit.
Wir Juden verehren nur einen Gott.
Denn dieser/er hat die Menschen erschaffen.

Cuius templum magnificum est.
(Deshalb) ist dessen/sein Tempel großartig.

Oft leitet das Relativpronomen keinen Nebensatz, sondern einen Hauptsatz ein.

In diesem Fall kannst du es mit einem **deutschen Demonstrativ- oder Personalpronomen** übersetzen.

Ein Hauptsatz mit einem relativischen Anschluss hat eine besonders enge Verbindung zu dem vorhergehenden Satz.

Diese enge Verbindung kannst du im Deutschen durch Zusätze wie **„aber, denn, also, nun“** zum Ausdruck bringen.

### 2.2 Fragepartikeln

Estne templum Iovis?
Ist das der Tempel des Jupiter?
(Erwartete Antwort: „Ja“ oder „Nein“)

Nōnne venīre cupis?
Willst du etwa nicht kommen?
(Erwartete Antwort: „Doch, selbstverständlich! Ich will.“)

Num apud Rōmānōs trēs deī in ūnō templō sunt?
Wohnen denn etwa wirklich bei den Römern drei Götter in nur einem Tempel?
(Erwartete Antwort: „Nein, natürlich nicht!“)

Im Lateinischen erkennst du Fragen nicht nur an Fragewörtern wie *quis* oder *cūr*, sondern auch an den Fragepartikeln *-ne*, *nōnne*, *num*.
Die Partikel *-ne* wird immer an das erste Wort angehängt:
Es funktioniert wie ein gesprochenes oder geschriebenes Fragezeichen und wird daher nicht übersetzt.
Die Antwort auf eine solche Frage kann „Ja“ oder „Nein“ lauten.
Wenn der Sprecher eine Frage mit *nōnne* einleitet, erwartet er die Antwort „Ja“ oder „Doch“.
Wenn der Sprecher eine Frage mit num einleitet, erwartet er die Antwort „Nein“.

Im Deutschen musst du dafür Umschreibungen wählen, z. B. **„etwa wirklich?“** bzw. **„etwa nicht?“**.

## 2.3 AcI

### AcI – eine satzwertige Konstruktion

Fāma est: Deī saepe inter sē certant.

Fāma est deōs saepe inter sē certāre.

deōs → **Subjektsakkusativ**; certāre → **Prädikatsinfinitiv**

Es geht die Sage, **dass** die Götter oft untereinander kämpfen.

die Götter → **Subjekt**; kämpfen → **Prädikat**

Nach bestimmten Ausdrücken steht im Lateinischen eine Konstruktion, die aus einem Akkusativ und einem Infinitiv besteht.
Diese Konstruktion nennt man **„Accusativus cum Infinitivo" (AcI)**.

Du kannst den AcI im Deutschen mit einem **„dass"-Satz** übersetzen.

Der lateinische Akkusativ entspricht im deutschen „dass"-Satz dem Subjekt, der lateinische Infinitiv übernimmt die Rolle des Prädikats. Daher nennt man den lateinischen Akkusativ auch den **Subjektsakkusativ** und den lateinischen Infinitiv den **Prädikatsinfinitiv**. Der AcI heißt deshalb auch **satzwertige Konstruktion**.

### Verben mit AcI

Vidēs | multās statuās hīc esse.
Du siehst, **dass** hier viele Statuen stehen.

Rōmānī dīcunt | Iūnōnem uxōrem Iovis esse.
Die Römer sagen, **dass** Juno die Gattin Jupiters sei.

Rōmānī crēdunt | Iovem deōrum patrem esse.
Die Römer glauben, **dass** Jupiter der Vater der Götter sei.

Statuās tibi placēre | gaudeō.
Ich freue mich, **dass** dir die Statuen gefallen.

Cōnstat | Rōmānōs multōs deōs colere.
Es steht fest, dass die Römer viele Götter verehren.

Bei folgenden Verben und Ausdrücken kannst du einen AcI erwarten:
- Verben der Wahrnehmung (*vidēre, audīre, scīre, intellegere*), s. 1. Beispielsatz,
- Verben des Sagens und Meinens (*dīcere, nārrāre, crēdere, putāre*), s. 2. und 3. Beispielsatz,
- Verben des Gefühlsausdrucks (*gaudēre*), s. 4. Beispielsatz,
- unpersönlichen Ausdrücken (*cōnstat, fāma est, mīrum est*) s. 5. Beispielsatz.

Bei den **Verben** der **Wahrnehmung**, des **Sagens** und des **Gefühlsausdrucks** übernimmt der **AcI** die **Rolle des Objekts**, bei **unpersönlichen Ausdrücken** die **des Subjekts**.

### Zeitverhältnisse im AcI

Rōmānōs multa templa statuīs ōrnāvisse videō.
Ich sehe, **dass** die Römer viele Tempel mit Statuen ausgeschmückt **haben**.

Iosephus Rōmānōs templa ōrnāvisse vidēbat.
Joseph sah, **dass** die Römer Tempel geschmückt **hatten**.

Simon multās statuās hīc esse videt.
Simon sieht, **dass** es hier viele Statuen **gibt**.

Simon multās statuās hīc esse vidēbat.
Simon sah, **dass** es hier viele Statuen **gab**.

Im AcI musst du darauf achten, ob der Prädikatsinfinitiv ein Infinitiv Präsens oder ein Infinitiv Perfekt ist. Ein Infinitiv Präsens zeigt dir an, dass die Handlung des AcI zur gleichen Zeit abläuft wie die Handlung des übergeordneten Prädikats:
**Infinitiv Präsens** (*certāre*) =
**Infinitiv der Gleichzeitigkeit**
Ein Infinitiv Perfekt zeigt dir an, dass die Handlung des AcI vor der Handlung des übergeordneten Prädikats stattgefunden hat:
**Infinitiv Perfekt** (*certāvisse*) =
**Infinitiv der Vorzeitigkeit**.

Du musst darauf achten, dass du dieses Zeitverhältnis auch in der deutschen Übersetzung zum Ausdruck bringst.

| **Tempus des Prädikats** | **Prädikatsinfinitiv – Zeitverhältnis** | **Tempus im deutschen „dass"-Satz** |
|---|---|---|
| Präsens | Präsens – Gleichzeitigkeit | Präsens |
| | Perfekt – Vorzeitigkeit | Perfekt |
| Imperfekt oder Perfekt (Vergangenheitstempus) | Präsens – Gleichzeitigkeit | Präteritum |
| | Perfekt – Vorzeitigkeit | Plusquamperfekt |

# Was du in Lektion 11 lernst

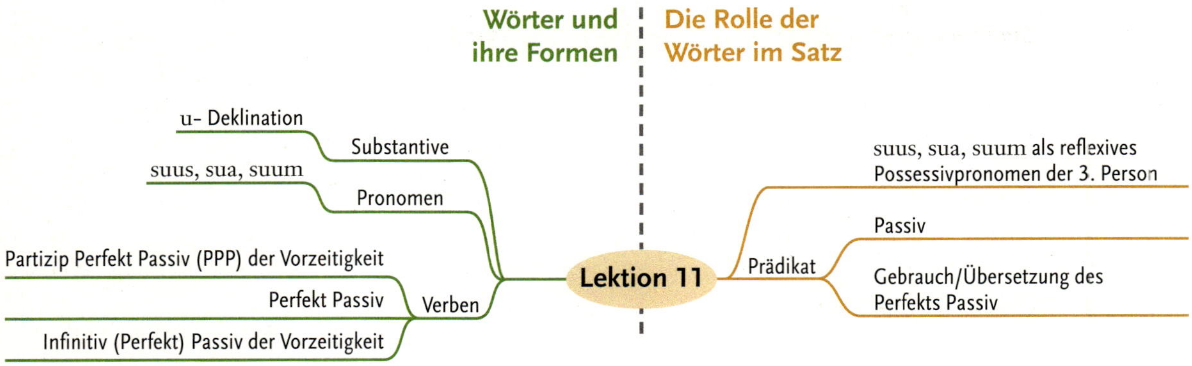


## 1. Wörter und ihre Formen

### 1.1 Substantive der u-Deklination

| | **u-Deklination m.** |
|---|---|
| Nominativ Singular | exercitus<br>das Heer |
| Genitiv Singular | exercitūs<br>des Heeres |
| Dativ Singular | exercituī<br>dem Heer |
| Akkusativ Singular | exercitum<br>das Heer |
| Ablativ Singular | cum exercitū<br>mit dem Heer |
| Nominativ Plural | exercitūs<br>die Heere |
| Genitiv Plural | exercituum<br>der Heere |
| Dativ Plural | exercitibus<br>den Heeren |
| Akkusativ Plural | exercitūs<br>die Heere |
| Ablativ Plural | cum exercitibus<br>mit den Heeren |

| Singular | Plural |
|---|---|
| -us | -ūs |
| -ūs | -uum |
| -uī | -ibus |
| -um | -ūs |
| -ū | -ibus |

Du kennst bereits Substantive, die zur ā-/o-/ē- und konsonantischen Deklination gehören.
In dieser Lektion lernst du Substantive kennen, die einer weiteren Deklination angehören. Du erkennst sie am „u" in ihren Endungen. Deshalb nennen wir sie u-Deklination.

Ausnahme: *-ibus* im **Dativ** und **Ablativ Plural**.

Die Substantive der u-Deklination sind meist Maskulina.

## 1.2 Reflexives Possessivpronomen der 3. Person suus, sua, suum

| | Singular | | | Plural | | |
|---|---|---|---|---|---|---|
| | m. | f. | n. | m. | f. | n. |
| Nominativ | suus<br>sein/ihr | sua<br>seine/ihr | suum<br>sein/ihr | suī<br>seine/ihre | suae<br>seine/ihre | sua<br>seine/ihre |
| Genitiv | suī<br>seines/ihres | suae<br>seiner/ihrer | suī<br>seines/ihres | suōrum<br>seiner/ihrer | suārum<br>seiner/ihrer | suōrum<br>seiner/ihrer |
| Dativ | suō<br>seinem/ihrem | suae<br>seiner/ihrer | suō<br>seinem/ihrem | suīs<br>seinen/ihren | suīs<br>seinen/ihren | suīs<br>seinen/ihren |
| Akkusativ | suum<br>seinen/ihren | suam<br>seine/ihre | suum<br>sein/ihr | suōs<br>seine/ihre | suās<br>seine/ihre | sua<br>seine/ihre |
| Ablativ | suō<br>mit seinem/ ihrem | suā<br>mit seiner/ ihrer | suō<br>mit seinem/ ihrem | suīs<br>mit seinen/ ihren | suīs<br>mit seinen/ ihren | suīs<br>mit seinen/ ihren |

## 1.3 Partizip (Perfekt Passiv, PPP) der Vorzeitigkeit

Folgende Endungen begegnen dir beim PPP:

**-tus, -ta, -tum** oder **-sus, -sa, -sum**

salūtātus, -a, -um/ductus, -a, -um — gegrüßt/geführt
āmissus, -a, -um — verloren

Das **Partizip Perfekt Passiv**, kurz PPP, wird wie ein Adjektiv der ā-/o-Deklination **dekliniert.** Es drückt wie ein Verb ein Zeitverhältnis aus: **PPP, vorzeitig** zur Handlung des Prädikats. Deswegen heißt es auch **Partizip der Vorzeitigkeit.**

Für das PPP gibt es keine festen Bildungsregeln. Damit du für die Übersetzung das PPP auf das richtige Verb zurückführen kannst, musst du immer gut die Stammformen lernen. Das PPP ist dabei die vierte und letzte Form.

## 1.4 Perfekt Passiv

| | salūtāre |
|---|---|
| 1. Person Singular | salūtātus, -a, -um sum<br>ich bin gegrüßt worden |
| 2. Person Singular | salūtātus, -a, -um es<br>du bist gegrüßt worden |
| 3. Person Singular | salūtātus, -a, -um est<br>er, sie, es ist gegrüßt worden |
| 1. Person Plural | salūtātī, -ae, -a sumus<br>wir sind gegrüßt worden |
| 2. Person Plural | salūtātī, -ae, -a estis<br>ihr seid gegrüßt worden |
| 3. Person Plural | salūtātī, -ae, -a sunt<br>sie sind gegrüßt worden |

**PPP + Präsensform von *esse***

| Singular | Plural |
|---|---|
| sum | sumus |
| es | estis |
| est | sunt |

salūtātus sum — salūtātī sumus
praebitum est — praebita sunt

Das **Perfekt Passiv** wird mit dem **PPP** und einer konjugierten Form des **Präsens** von *esse* gebildet.
Dabei stimmt das PPP mit dem Subjekt in Kasus, Numerus und Genus überein – genau wie ein Prädikatsnomen.

### 1.5 Infinitiv (Perfekt) Passiv der Vorzeitigkeit

Der Infinitiv Perfekt Passiv wird so gebildet:

| PPP + Infinitiv *esse* | |
|---|---|
| Singular | Plural |
| -tum, -tam, -tum esse | -tōs, -tās, -ta esse |
| oder | oder |
| -sum, -sam, -sum esse | -sōs, -sās, -sa esse |

salūtātum esse — gegrüßt (worden) (zu) sein

Der **Infinitiv Perfekt Passiv** begegnet dir auch im AcI.
Du erkennst ihn dann an den folgenden Endungen: ***-tum/-tam/-tum*** oder ***-sum/-sam/-sum esse*** für den Singular
und ***-tōs/-tās/-ta*** oder ***-sōs/-sās/-sa esse*** für den Plural.

Wie auch beim Infinitiv Perfekt Aktiv ist die Handlung des AcIs dann **vorzeitig**.

## 2. Die Rolle der Wörter im Satz

### 2.1 Reflexives Possessivpronomen der 3. Person: suus, -a, -um – „sein/ihr"

Das (besitzanzeigende) Possessivpronomen ist dir schon aus Lektion 3 bekannt. Das **reflexive** (d. h. **rückbezügliche**, lat. *reflectere* „zurückbeugen") **Possessivpronomen** der 3. Person (***suus, -a, -um*** „sein/ihr") **bezieht sich auf** das **Subjekt** eines Satzes zurück.

Rūfus Flāvō suō salūtem dicit.
Rufus grüßt seinen Flavus.

### 2.2 Gebrauch und Übersetzung des Passivs

Bisher hast du bei den Verbformen nur das **Aktiv** kennengelernt.
Das heißt, jemand handelt selbst oder jemand bzw. eine Sache bewirkt etwas.

Virī fēminās cēpērunt.
Die Männer fingen die Frauen.

In dieser Lektion lernst du nun das **Passiv** kennen, das dir vielleicht schon aus dem Deutschunterricht bekannt ist. Beim Passiv ist jemand oder etwas **von der Handlung betroffen**, jemandem oder einer Sache geschieht etwas. Im Passiv wird oft das eigentliche Objekt einer Handlung (hier *fēminae*) in den Vordergrund gerückt.

Fēminae captae sunt.
Die Frauen wurden gefangen.

Fēminae ā virīs captae sunt.
Die Frauen wurden von den Männern gefangen.

Der **Urheber einer Handlung** wird im Passiv meistens verschwiegen; er kann aber im Lateinischen mit *ā/ab* ausgedrückt werden.

## 2.3 Gebrauch und Übersetzung des Perfekts Passiv

Litterae scrīptae sunt.
Der Brief wurde geschrieben./
Der Brief ist geschrieben worden./
Der Brief ist geschrieben.

Das Perfekt Passiv wird genauso wie das Perfekt Aktiv dazu verwendet:
- Handlungen oder Vorgänge der Vergangenheit auszudrücken, die sich **nur einmal ereignet** haben und **abgeschlossen** sind, bzw.
- Handlungen oder Vorgänge auszudrücken, die als **Ergebnis** mitgeteilt werden.

Allerdings geschieht mit der Person oder der Sache beim Perfekt Passiv etwas, während sie beim Perfekt Aktiv selbst handelt.

# Was du in Lektion 12 lernst

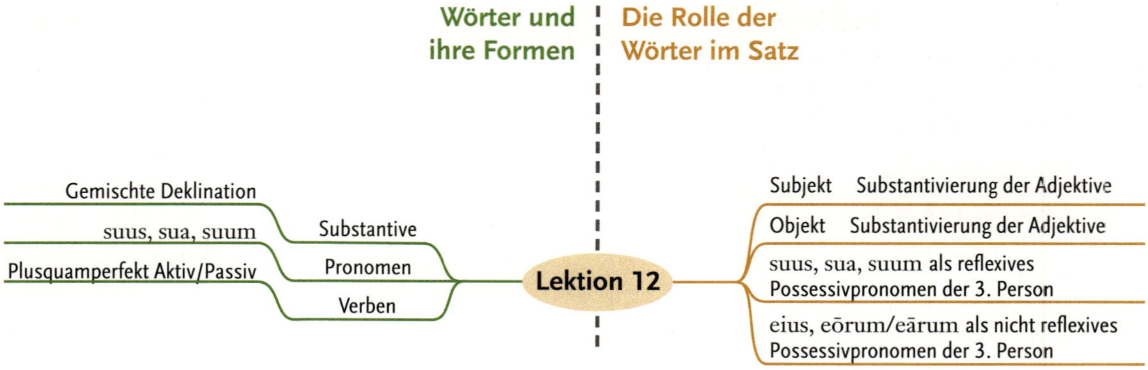


## 1. Wörter und ihre Formen

### 1.1 Substantive der gemischten Deklination

| | gemischte Deklination f. |
|---|---|
| Nominativ Singular | gēns<br>das Volk |
| Genitiv Singular | gentis<br>des Volkes |
| Dativ Singular | gentī<br>dem Volk |
| Akkusativ Singular | gentem<br>das Volk |
| Ablativ Singular | cum gente<br>mit dem Volk |
| Nominativ Plural | gentēs<br>die Völker |
| Genitiv Plural | gentium<br>der Völker |
| Dativ Plural | gentibus<br>den Völkern |
| Akkusativ Plural | gentēs<br>die Völker |
| Ablativ Plural | cum gentibus<br>mit den Völkern |

| Singular | Plural |
|---|---|
| -is/-es | -ēs |
| -is | -ium |
| -ī | -ibus |
| -em | -ēs |
| -e | -ibus |

Die gemischte Deklination funktioniert wie die konsonantische. Der einzige Unterschied zwischen den Deklinationen besteht im **Genitiv Plural**, der bei der gemischten Deklination auf ***-ium*** endet.

Die Substantive der gemischten Deklination sind meist Feminina. Zur gemischten Deklination gehören Substantive,
- die auf *-is* oder *-es* enden und die gleiche Silbenzahl im Nominativ und Genitiv aufweisen (*hostis, hostis* m.);
- die mehr als einen Konsonanten vor der Genitivendung haben (z. B. *gēns, gentis* f.).

## 1.2 Plusquamperfekt Aktiv und Passiv

Zur Bildung des **Plusquamperfekts Aktiv** werden an den **Perfektstamm** das **Tempuskennzeichen** ***-era-*** und die Personalendungen *-m*, *-s*, *-t* usw. gehängt.

### Plusquamperfekt Aktiv

| | salūtāre |
|---|---|
| 1. Person Singular | salūtāveram<br>ich hatte gegrüßt |
| 2. Person Singular | salūtāverās<br>du hattest gegrüßt |
| 3. Person Singular | salūtāverat<br>er, sie, es hatte gegrüßt |
| 1. Person Plural | salūtāverāmus<br>wir hatten gegrüßt |
| 2. Person Plural | salūtāverātis<br>ihr hattet gegrüßt |
| 3. Person Plural | salūtāverant<br>sie hatten gegrüßt |

| | esse | posse | īre |
|---|---|---|---|
| 1. Person Singular | fueram<br>ich war gewesen | potueram<br>ich hatte gekonnt | īeram<br>ich war gegangen |
| 2. Person Singular | fuerās<br>du warst gewesen | potuerās<br>du hattest gekonnt | īerās<br>du warst gegangen |
| 3. Person Singular | fuerat<br>er, sie, es war gewesen | potuerat<br>er, sie, es hatte gekonnt | īerat<br>er, sie, es war gegangen |
| 1. Person Plural | fuerāmus<br>wir waren gewesen | potuerāmus<br>wir hatten gekonnt | īerāmus<br>wir waren gegangen |
| 2. Person Plural | fuerātis<br>ihr wart gewesen | potuerātis<br>ihr hattet gekonnt | īerātis<br>ihr wart gegangen |
| 3. Person Plural | fuerant<br>sie waren gewesen | potuerant<br>sie hatten gekonnt | īerant<br>sie waren gegangen |

| Perfektstamm | + Tempuskennzeichen + | Personalendung | |
|---|---|---|---|
| (-v, -u, -s, | | Singular | Plural |
| Reduplikation, | | -m | -mus |
| Dehnung, | -era- | -s | -tis |
| ohne Veränderung) | | -t | -nt |

### Plusquamperfekt Passiv

| | salūtāre |
|---|---|
| 1. Person Singular | salūtātus, -a, -um eram<br>ich war gegrüßt worden |
| 2. Person Singular | salūtātus, -a, -um erās<br>du warst gegrüßt worden |
| 3. Person Singular | salūtātus, -a, -um erat<br>er, sie, es war gegrüßt worden |
| 1. Person Plural | salūtātī, -ae, -a erāmus<br>wir waren gegrüßt worden |
| 2. Person Plural | salūtātī, -ae, -a erātis<br>ihr wart gegrüßt worden |
| 3. Person Plural | salūtātī, -ae, -a erant<br>sie waren gegrüßt worden |

**PPP + Imperfektform von *esse***

| Singular | Plural |
|---|---|
| **eram** | **erāmus** |
| **erās** | **erātis** |
| **erat** | **erant** |

Du kennst schon das Perfekt Passiv. Das **Plusquamperfekt Passiv** wird mit dem **PPP** und den **Imperfektformen** von ***esse*** gebildet.

## 2. Die Rolle der Wörter im Satz

### 2.1 Gebrauch und Übersetzung des Plusquamperfekts

Plusquamperfekt — Perfekt — Präsens — (Futur)

1. Satz:
Gaudeō mē nunc in patriam vēnisse.
Ich freue mich, dass ich nun in meine Heimat gekommen bin.

2. Satz:
Iam anteā dē perīculīs Germāniae audīveram.
Schon vorher hatte ich von den Gefahren Germaniens gehört.

Das **Plusquamperfekt** (Vorvergangenheit) bezeichnet Handlungen oder Vorgänge, die sich **zeitlich vor** einer anderen **Handlung** bzw. einem anderen **Vorgang der Vergangenheit** ereignet haben.

Im Deutschen steht ebenfalls das Plusquamperfekt.

## 2.2 Reflexives und nicht reflexives Possessivpronomen der 3. Person

Das (besitzanzeigende) Possessivpronomen ist dir schon aus Lektion 3 bekannt. Das **reflexive** (d.h. **rückbezügliche**, lat. *reflectere* „zurückbeugen") **Possessivpronomen** der 3. Person (***suus, -a, -um*** „sein/ihr") **bezieht sich auf** das **Subjekt** eines Satzes zurück.

**Reflexiv: suus, -a, -um – „sein/ihr"**

Rūfus Flāvō suō salūtem dicit.
Rufus grüßt seinen Flavus.

**Nicht reflexiv: eius – „sein/ihr" (Singular), eōrum/eārum – „seine/ihre" (Plural)**

Wenn sich das Possessivpronomen der 3. Person nicht auf das Subjekt zurückbezieht und somit **nicht reflexiv** ist, steht der dir schon bekannte Genitiv von *is, ea, id*, d.h. ***eius*** bzw. ***eōrum/eārum*** „sein(e)/ihr(e)" zur Verfügung.

Ursus mihi appropinqūavit. Rōbur eius magnum fuit.
Ein Bär näherte sich mir. Seine Kraft war groß.

## 2.3 Substantivierung der Adjektive

**Substantivierung** bedeutet die **Bildung eines Substantivs** aus einer anderen Wortart, hier aus einem Adjektiv.
Wie im Deutschen können Adjektive auch im Lateinischen substantiviert werden und stehen dann ohne Bezugswort. Ein substantiviertes Adjektiv kann alle Rollen eines Substantivs übernehmen, z. B. Subjekt und Objekt.

Ein lateinisches substantiviertes Adjektiv verändert seine Form nicht (anders als im Deutschen, wo es großgeschrieben wird).

Mihi placuit īgnōta novaque cōgnōscere.
Mir hat es gefallen, Unbekanntes und Neues (unbekannte und neue Dinge) kennenzulernen.

# Was du in Lektion 13 lernst

## 1. Wörter und ihre Formen

### 1.1 Adjektive der gemischten Deklination

**Dreiendig: celer, celeris, celere**

| | Singular m. | Singular f. | Singular n. | Plural m. | Plural f. | Plural n. |
|---|---|---|---|---|---|---|
| Nominativ | celer | celeris | celere | celerēs | | celeria |
| Genitiv | celeris | | | celerium | | |
| Dativ | celerī | | | celeribus | | |
| Akkusativ | celerem | | celere | celerēs | | celeria |
| Ablativ | celerī | | | celeribus | | |

**Zweiendig: similis, simile**

| | Singular m. | Singular f. | Singular n. | Plural m. | Plural f. | Plural n. |
|---|---|---|---|---|---|---|
| Nominativ | similis | | simile | similēs | | similia |
| Genitiv | similis | | | similium | | |
| Dativ | similī | | | similibus | | |
| Akkusativ | similem | | simile | similēs | | similia |
| Ablativ | similī | | | similibus | | |

Adjektive der gemischten Deklination begegnen dir in diesen drei Formen:
1. *celer, celeris, celere* (**drei**endig);
2. *similis, simile* (**zwei**endig);
3. *ingēns (ingentis)* (**ein**endig).

Du kannst erkennen, dass diese Adjektive im Gegensatz zu den dir bereits bekannten der ā-/o-Deklination eine unterschiedliche Anzahl an Endungen haben.
Der Nominativ Singular dieser Adjektive ist entweder
1. für alle drei Genera unterschiedlich (dreiendig) oder
2. hat eine gemeinsame Endung für m./f. und eine weitere Endung für n. (zweiendig) oder
3. für alle drei Genera nur eine Endung (einendig).

Je nachdem nennen wir sie „drei"-, „zwei"- oder „einendig".

Adjektive der gemischten Deklination haben im Genitiv Singular, im Dativ und Ablativ alle nur eine Form.
Im Neutrum lautet die Endung im Nominativ und Akkusativ Plural immer *-ia*.

**Einendig: ingēns, ingentis**

| | Singular | | | Plural | | |
|---|---|---|---|---|---|---|
| | m. | f. | n. | m. | f. | n. |
| Nominativ | ingēns | | | ingentēs | | ingentia |
| Genitiv | ingentis | | | ingentium | | |
| Dativ | ingentī | | | ingentibus | | |
| Akkusativ | ingentem | | ingēns | ingentēs | | ingentia |
| Ablativ | ingentī | | | ingentibus | | |

## 1.2 Demonstrativpronomen hic, haec, hoc und ille, illa, illud

### hic, haec, hoc

| | Singular | | | Plural | | |
|---|---|---|---|---|---|---|
| | m. | f. | n. | m. | f. | n. |
| Nominativ | hic<br>dieser | haec<br>diese | hoc<br>dieses | hī<br>diese | hae<br>diese | haec<br>diese |
| Genitiv | huius<br>dieses | huius<br>dieser | huius<br>dieses | hōrum<br>dieser | hārum<br>dieser | hōrum<br>dieser |
| Dativ | huic<br>diesem | huic<br>dieser | huic<br>diesem | hīs<br>diesen | hīs<br>diesen | hīs<br>diesen |
| Akkusativ | hunc<br>diesen | hanc<br>diese | hoc<br>dieses | hōs<br>diese | hās<br>diese | haec<br>diese |
| Ablativ | (ab) hōc<br>(von) diesem | (ab) hāc<br>(von) dieser | hōc<br>durch dieses | (ab) hīs<br>(von) diesen | (ab) hīs (von)<br>diesen | hīs<br>durch diese/<br>dadurch |

### ille, illa, illud

| | Singular | | | Plural | | |
|---|---|---|---|---|---|---|
| | m. | f. | n. | m. | f. | n. |
| Nominativ | ille<br>jener | illa<br>jene | illud<br>jenes | illī<br>jene | illae<br>jene | illa<br>jene |
| Genitiv | illīus<br>jenes | illīus<br>jener | illīus<br>jenes | illōrum<br>jener | illārum<br>jener | illōrum<br>jener |
| Dativ | illī<br>jenem | illī<br>jener | illī<br>jenem | illīs<br>jenen | illīs<br>jenen | illīs<br>jenen |
| Akkusativ | illum<br>jenen | illam<br>jene | illud<br>jenes | illōs<br>jene | illās<br>jene | illa<br>jene |
| Ablativ | (ab) illō<br>(von) jenem | (ab) illā<br>(von) jener | illō<br>durch jenes | (ab) illīs<br>(von) jenen | (ab) illīs<br>(von) jenen | illīs<br>durch jene |

## 2. Die Rolle der Wörter im Satz

### 2.1 Verwendung der Demonstrativpronomen

Das Pronomen *hic, haec, hoc* zeigt dir im lateinischen Satz Folgendes an: das, was dem Sprecher **unmittelbar vor Augen** steht.
*hic, haec, hoc* in Verbindung mit *esse* weist auf das Substantiv im nächsten Satz hin.

Du übersetzt das Pronomen *hic, haec, hoc* am besten mit **„dieser, diese, dieses"**.

Das Pronomen *ille, illa, illud* zeigt dir im lateinischen Satz Folgendes an: **zeitlich** oder **räumlich** vom Sprecher **entfernt** liegende Personen/Dinge.

Du übersetzt das Pronomen *ille, illa, illud* am besten mit **„jener, jene, jenes"**.

### 2.2 Reflexivität im AcI: sē und eum

Eum magnum poētam esse convīvae clamāvērunt.
Die Gäste riefen, dass er ein großer Dichter sei.

*eum* ist nicht reflexiv, d. h. es bezieht sich nicht auf das Subjekt des Satzes zurück.

Poētae sē multa carmina fēcisse dīxērunt.
Die Dichter sagten, sie hätten viele Gedichte geschrieben.

Das Reflexivpronomen *sē* bezieht sich auf das Subjekt des Hauptsatzes zurück.

Das gibst du in deiner deutschen Übersetzung mit **„er/sie"** (Sg.) bzw. **„sie"** (Pl.) wieder.

**Adverbialsatz**
Adverbialsätze sind adverbiale Nebensätze. Sie nehmen die Rolle des Satzgliedes „Adverbiale“ ein, d. h. sie stehen für eine adverbiale Bestimmung. Einleitende Subjunktionen, die sie an den jeweils übergeordneten Satz anbinden, weisen jeweils auf die Sinnrichtung dieser Nebensätze hin.

**Beiordnung**
Gleichwertige Sätze werden durch beiordnende Konnektoren miteinander verbunden, z. B. durch *et*, *-que*, *atque*, *etiam*, *neque* und *quoque*.

**Bezugswort**
Adjektivische Attribute und Prädikatsnomen haben jeweils ein Bezugswort, mit dem sie in Kasus, Numerus und Genus übereinstimmen. Appositionen und Prädikatsnomen stimmen im Kasus, aber nicht immer im Genus und Numerus mit ihrem Bezugswort überein.
Relativpronomen haben ein Bezugswort, mit dem sie im Numerus und Genus übereinstimmen, aber nicht unbedingt im Kasus; dieser ist durch die Rolle des Relativpronomens im Relativsatz festgelegt.

**Einfacher Satz**
Der einfache Satz ist ein unabhängiger Hauptsatz. Er besteht mindestens aus der Einheit Subjekt – Prädikat, kann aber durch zusätzliche Angaben erweitert sein.

**Hauptsatz**
Hauptsätze sind unabhängige Sätze. Je nach der Aussageabsicht der mitteilenden Person erscheint als Modus der Indikativ oder Imperativ. Ihrem Inhalt nach sind Hauptsätze Aussage-, Frage- oder Aufforderungssätze. Sie können durch Nebensätze zu einem Satzgefüge erweitert sein.

**Intransitive Verben**
Intransitive Verben können kein Akkusativobjekt bei sich haben und bilden im Lateinischen wie im Deutschen ein unpersönliches Passiv.

**Kongruenz**
Kongruenz ist die Übereinstimmung eines adjektivischen Attributs und Prädikatsnomens mit seinem Bezugswort in Kasus, Numerus und Genus (KNG-Kongruenz). Für das Relativpronomen gilt nur die Genus-Numerus-Kongruenz, für die Apposition sowie für das Prädikatsnomen ist nur die Übereinstimmung im Kasus immer gegeben.

**Nebensatz**
Nebensätze haben – wie Hauptsätze – ebenfalls ein Subjekt und ein Prädikat, stehen aber nie allein. Sie sind dem Hauptsatz untergeordnet und somit von ihm abhängig, können aber auch einem anderen Nebensatz untergeordnet sein. Nebensätze ergänzen den übergeordneten Satz als Subjekt- und Objektsätze oder erweitern ihn als Attribut- und Adverbialsätze. Nebensätze werden durch Subjunktionen, Relativ- und Fragepronomen eingeleitet.

**Präpositionale Verbindung**
Die präpositionale Verbindung besteht aus einer Präposition und einem Nomen. Bei der Wiedergabe lateinischer Aussagen im Deutschen dienen präpositionale Verbindungen vor allem dazu, den Ablativ wiederzugeben.

**Satzgefüge**
Haupt- und Nebensatz bilden zusammen ein Satzgefüge. Bei verschiedenem Subjekt im Haupt- und Nebensatz steht im Lateinischen in der Regel der Nebensatz vor dem Hauptsatz.

**Satzreihe**
Durch Konnektoren (Konjunktionen oder Adverbien) verbundene oder ohne Satzverknüpfung nebeneinandergestellte Hauptsätze bilden eine Satzreihe.

**Signalwort**
Signalwörter erwecken bereits am Anfang eines Satzes eine Erwartungshaltung in eine bestimmte Richtung. So wird z. B. das Wort *crās* zu Beginn eines Satzes beim Hörer bzw. Leser die Erwartung wecken, dass eine die Zukunft betreffende Aussage folgt. Als Signalwörter können aber auch all die Wörter gelten, die auf einen logischen Zusammenhang schließen lassen (Fragepronomen und -partikeln, Konjunktionen, Subjunktionen).

**Subjunktionalsatz**
Durch unterordnende Konjunktionen, d. h. Subjunktionen eingeleitete Sätze heißen Subjunktionalsätze. Es handelt sich um subjunktionale Nebensätze, die vor allem die Rolle eines Adverbiales einnehmen. Die einleitenden Subjunktionen weisen auf die Sinnrichtung der Nebensätze hin.

**Transitive Verben**
Transitive Verben können ein Akkusativobjekt bei sich haben und bilden im Lateinischen wie im Deutschen ein persönliches Passiv (z. B. *laudor* – ich werde gelobt).

**Zeitstufe**
Die Zeitstufe gibt an, ob sich ein Vorgang in der Vergangenheit, Gegenwart oder Zukunft abspielt.

**Zeitverhältnis**
Das Zeitverhältnis zeigt an, ob sich eine untergeordnete Handlung vorzeitig oder gleichzeitig zur Haupthandlung abspielt.

**Zusammengesetzter Satz**
Die Bezeichnung „zusammengesetzter Satz" ist der Oberbegriff für Satzreihe und Satzgefüge.

Redner oder Schriftsteller möchten oft die Aufmerksamkeit der Zuhörer oder Leser auf bestimmte Wörter im Satz lenken. Dazu verwenden sie bestimmte rhetorische Ausdrucksmittel, die ganz allgemein **Wortfiguren** genannt werden. Meist handelt es dabei um eine bestimmte Reihenfolge in der Anordnung einzelner Satzglieder.

Im Folgenden findest du einige Beispielsätze mit verschiedenen Wortfiguren:

## 1. Ellipse

**Beispielsatz:**
In Lektion 9 hast du eine Hochzeitsformel kennengelernt:

Ubī tū Gāius, egō Gāia
[Wo du, Gaius, bist, bin ich, Gaia]

**Erläuterung:**
Wenn du die Formel mit der deutschen Übersetzung vergleichst, fällt dir auf, dass der lateinische Satz **ohne die Prädikate** auskommt.
Die Formel ist aber im Lateinischen auch ohne die Prädikate zu verstehen. Dadurch ist sie ganz **kurz** und **enthält** trotzdem **das Wichtigste**.

**Merke:**
In der lateinischen Sprache können Prädikate (aber auch andere Satzglieder) weggelassen werden, wenn der Satz besonders knapp sein soll und das Wort sich aus dem Zusammenhang leicht erschließen lässt. So etwas nennt man eine Auslassung oder **Ellipse**.
Eine Ellipse kommt besonders oft bei den Verbformen von *esse* vor.

## 2. Parallelismus

**1. Beispielsatz:**
Schau dir nochmals die Hochzeitsformel an:

Ubī tū Gāius, egō Gāia

**Erläuterung:**
Die **Satzglieder** der Formel sind ganz **gleich angeordnet**. Zuerst steht immer das Personalpronomen, dann folgt der Eigenname.

**2. Beispielsatz:**

Rōmānī urbem Rōmam statuīs pulchrīs, templīs magnificīs, balneīs maximīs ōrnāvērunt.
[Die Römer schmückten die Stadt Rom mit schönen Statuen, großartigen Tempelbauten und sehr ausgedehnten Bädern aus.]

**Erläuterung:**
Auch in diesem Satz sind die **Adverbialien** des Mittels und die dazugehörigen **Attribute gleich angeordnet**. Alle Adverbialien haben die **gleichen Aufgaben**, nämlich die Stadt Rom besonders schön zu machen. Diese **gleiche Aufgabe** wird durch die **parallele Anordnung** der entsprechenden **Satzglieder** betont.

**Merke:**
Wenn in verschiedenen Wortgruppen **einander entsprechende Wörter** in **derselben Reihenfolge** angeordnet sind, stehen sie **parallel zueinander**. Diese Wortfigur nennen wir **Parallelismus**.
(Oft haben die parallel gesetzten Wörter auch denselben Kasus.) Die parallele Wortstellung **unterstützt** den **gleichen Sinn der Aussagen**.

## 3. Asyndeton

**Beispielsatz:**
Rōmānī urbem Rōmam statuīs pulchrīs, templīs magnificīs, balneīs maximīs ōrnāvērunt.

**Erläuterung:**
Ein **Parallelismus** ist oft **mit** einer **anderen Wortfigur verbunden**. In diesem Satz finden wir nicht nur den Parallelismus bei den Adverbialien, sondern wir sehen auch, dass sie (anders als im Deutschen) nicht durch die Konjunktion *et* verbunden sind.

**Merke:**
Wenn **gleiche Satzglieder ohne Konjunktion hintereinander gesetzt** werden, nennt man dies eine unverbundene Aufzählung oder ein **Asyndeton**. Eine solche unverbundene Aufzählung **wirkt** oft besonders **eindringlich** und **energisch**.

## 4. Trikolon

**Beispielsatz:**
Rōmānī urbem Rōmam statuīs pulchrīs, templīs magnificīs, balneīs maximīs ōrnāvērunt.

**Erläuterung:**
In diesem Satz werden nicht nur ein Parallelismus und ein Asyndeton verwendet, um die Aufmerksamkeit auf die prächtige Ausstattung der Stadt Rom zu lenken, sondern es sind auch **genau drei** adverbiale **Angaben**.

**Merke:**
Wenn **drei gleichartige Satzglieder hintereinander gesetzt** werden, stehen sie oft, um dem Zuhörer oder Leser zu zeigen, dass der Sprecher oder der Schreiber **eine Menge solcher Angaben** machen kann.
Eine solche **dreigliedrige Aufzählung** nennt man **Trikolon** (nach den griechischen Wörtern für „drei" *tri* und für „Satzteil" *kólon*).
Oft werden genau wie in unserem Beispielsatz drei gleiche Satzglieder als Asyndeton, also unverbunden, aufgezählt.